普通高等教育“十四五”系列教材

跨境电商营销

主　编　林立伟　魏石勇　朱美虹　梅沁芳

中国水利水电出版社
www.waterpub.com.cn
·北京·

内 容 提 要

本书以跨境电商营销为主题，介绍了当前互联网营销模式。本书共九章，包括跨境互联网营销的历史演进、大数据概念应用于跨境互联网营销、新零售应用、客户服务沟通、APP在线推广模式、互联网消费者行为、从消费者角度分析社群营销、5G时代对互联网营销的影响、跨境互联网营销的工具。

本书可以作为国际贸易专业或电子商务专业国际贸易课程或相关课程的参考教材，也可供有关跨境电商运营人员和跨境电商业务员参考、学习及培训使用。

图书在版编目（CIP）数据

跨境电商营销 / 林立伟等主编. -- 北京 : 中国水利水电出版社, 2021.2
普通高等教育“十四五”系列教材
ISBN 978-7-5170-9450-0

Ⅰ. ①跨… Ⅱ. ①林… Ⅲ. ①电子商务－商业经营－高等学校－教材 Ⅳ. ①F713.365.2

中国版本图书馆CIP数据核字(2021)第040312号

书　　名	普通高等教育“十四五”系列教材 **跨境电商营销** KUAJING DIANSHANG YINGXIAO
作　　者	主编　林立伟　魏石勇　朱美虹　梅沁芳
出版发行	中国水利水电出版社 （北京市海淀区玉渊潭南路1号D座　100038） 网址：www.waterpub.com.cn E-mail：sales@waterpub.com.cn 电话：（010）68367658（营销中心）
经　　售	北京科水图书销售中心（零售） 电话：（010）88383994、63202643、68545874 全国各地新华书店和相关出版物销售网点
排　　版	中国水利水电出版社微机排版中心
印　　刷	北京瑞斯通印务发展有限公司
规　　格	184mm×260mm　16开本　7.5印张　155千字
版　　次	2021年2月第1版　2021年2月第1次印刷
印　　数	0001—2000册
定　　价	**26.00**元

前言

由于受到新冠肺炎疫情的影响，许多国内外的消费者从线下“走到”了线上，使跨境电商迈入了一个新的高速发展阶段，对跨境电商而言，既是机遇，也是挑战。跨境电商包括跨境电商直播、营销推广模式的改变等。

最初的跨境电商课程内容主要是关于物流和法规机制方面的，其中大部分的教材都涉及国际贸易的 FOB、CIF 等概念。本书从跨境电商营销角度出发，尽可能详尽地介绍了谷歌营销、抖音直播、跨境电商营销策略等相关的内容，并结合案例进行分析，使读者可以快速地学习跨境电商营销推广，掌握跨境电商平台操作的技巧。

本书的主要特点如下：

（1）本书从互联网营销的演进来带入，详细讲解了 5G、新零售、营销策略、跨境电商直播、谷歌 Ads、谷歌 Trends、大数据分析等新的跨境电商营销的概念。

（2）本书从消费者的角度来思考，打破了传统电子商务只针对企业或商家的思考模式。通过大数据来分析消费者的购买行为，并结合了心理学、市场营销学、信息管理等不同学科的概念进行讲解。

（3）本书结合了跨境直播，教材案例新，对未来的跨境电商趋势会有很大的帮助。

本书由浙江财经大学东方学院林立伟，玉林师范学院魏石勇，浙江水利水电学院朱美虹、梅沁芳担任主编。编写分工为：林立伟编写第一至四章，魏石勇编写第五至七章，朱美虹编写第八、九章。另外，感谢周晶晶、方梦龙、姚香平、任奕雯所做的校稿工作。

由于编者水平有限，书中难免有错误疏漏之处，敬请广大读者批评指正。

编者

2020 年 12 月

目录

第一章　跨境互联网营销的历史演进

案例导读

珠宝企业直播带货“淡季不淡”

2020 年国际金价创 9 年新高。相关数据显示，3 月份以来金价涨幅达 20%，国内黄金现货价格已突破 400 元/克。作为全国最重要的珠宝产业集聚地，深圳水贝珠宝市场却没有想象中那么热闹。

2020 年 7 月 11 日，《证券日报》记者来到水贝市场走访，不少店铺都打出了出租、转让的招牌。虽然人流量并不差，但是有商铺负责人对《证券日报》记者表示：“这几天人渐渐多起来了，有一些外地珠宝商来拿货，但是相比往年数量并不多，整体销量还是起不来。”

为了寻求突围，珠宝企业通过网络直播带货，取得了不错的效果。“现在水贝有一部分店铺已经开始直播了，附近一家档口一晚上卖了 5000 多件商品，反响还不错。”水贝一家商铺负责人告诉《证券日报》记者，“从实体店销售转向线上线下相结合，是未来水贝零售模式的一个方向。目前我们要做的是尽快顺应这种直播销售的时代潮流。”

传统渠道表现不佳

据不少商铺反映，水贝的珠宝生意可以用一个“难”字来概括。水贝一家商铺负责人向记者坦言，“本来这几个月就不是黄金消费旺季，再碰到新冠疫情和金价上涨，很多人既不愿意消费，更不愿意花高价买金饰，对我们来说是雪上加霜。下半年要等到国庆节，届时婚庆需求可能会迎来一波反弹，应该会带动金银珠宝首饰的销售。”随后，《证券日报》记者来到位于水贝周边工业区的一家黄金代工厂，这家代工厂工作人员告诉记者，“今年生意难做，终端销不动，工厂都没怎么开工。年初很多小厂坚持不住关闭了，现在大家的目标就是活着。”在终端消费不景气，零售和代工门庭冷落的背景下，黄金回购业务显得相对火爆。贵金属服务平台麦金啦公司负责人对《证券日报》记者表示：“比起黄金消费，今年黄金回购业务相对增加。一方面是在特殊时期，人们出于对现状的担忧，打算将手中的黄金变现，以增加储蓄、偿还债务等；另一方面，金价持续上涨，变卖手中的黄金开始有利可图。”粤宝黄金投资总监宋蒋圳告诉《证券日报》记者，“央行购金和基金的持续买入，将进一步支撑金价上行。同时，经济下行导致劳动者收入下降，黄金饰品的消费需求很难有所起色。”

零售商家试水线上带货

浙江财经大学东方学院电子商务专业副教授林立伟对《证券日报》记者表示：“当前各大珠宝品牌商正在积极拥抱线上直播，通过这一举措可以打开珠宝消费的渠道天花板。与其他商品不同，黄金珠宝属于特殊商品，最好有人现场直播穿戴，外加有真品保证证明，才可能快速打开市场，产生效应。”

在珠宝传统零售渠道“遇冷”的同时，网络直播、社群营销等线上业务活动却空前活跃。线上营销为零售商家打开了新的天地，表现为“淡季不淡”，销量不仅没受影响，反而再创新高。

潮宏基也在互动平台上表示，公司旗下品牌均有自己的直播团队。公司不仅跟外部网红合作，也会用自建团队进行直播营销。今年以来，水贝片区多家金店试水线上营销，均取得了不俗的效果。在深圳罗湖珠宝节上，6 家珠宝品牌联合直播，2 小时内吸引了 38 万人观看，直播期间订单总金额达 640 万元。

（资料来源：证券日报网，http：//www. zqrb. cn/gscy/gongsi/2020－07－14/A1594654590278. html，有修改。）

抢公章，夫妻争权，动荡的当当还经得起几次折腾？

“当当的根深叶茂，源自当当作为一个商业实体的强壮。当当网的前缀后缀，不必永远挂着国庆或者我。”2018 年 3 月，当当网创始人之一俞渝在一篇文章中这样写。

彼时俞渝和她的丈夫，当当网的另一位创始人李国庆，还没有将两人的巨大矛盾暴露在公众面前。但时隔仅一年多，两人便在网络上公开争吵，如今，离开当当的李国庆又因“夺权抢公章”一事登上热搜。当当网的前缀后缀，已经不可能和这对夫妇的名字分开了。

实际上，李国庆与俞渝曾共同写就了当当的高光时刻——2010 年，夫妻二人一起在纽交所敲钟，让当当成为中国互联网电商中第一家上市的企业。之后的当当经历了上升、下滑和退市，尽管在过去几年能够保持利润增长，但早已掉离第一梯队，只能靠两位创始人的纷争吸引公众的目光。只是，深陷内部矛盾旋涡的当当，未来还能经得起几次这样的折腾呢？

纷争伊始

李国庆和俞渝的分歧，早在当当退市之后的业务方向选择上便初见端倪。2011 年三季度，当当网净亏损 7340 万元，图书业务毛利率从 25.5%降低到 19.5%。2011—

2013 年这三年间，当当累计亏损超过 8 亿元。到 2015 年第三季度，其营收仅为京东的 5%左右。在当时中国整体的电商份额中，当当仅占 1.3%。面对业绩的持续下降，李国庆和俞渝在 2016 年提出私有化要约。但在退市之后，是聚焦图书主业力保盈利，还是烧钱拓展新业务，成为横亘在二人中间一道谈不拢的难题。

俞渝曾在一次采访中透露，2015 年，当当的图书业务占总业务的 60%，净利润为 0.92 亿元。而 2017 年其营收规模达到 103.42 亿元，净利润达到 3.59 亿元，实现大幅增长。这看起来让俞渝更倾向于选择主业图书。但李国庆并不这么想，他希望更多开拓新业务。据 AI 财经社报道，当李国庆想了解服装品类时，俞渝因为不想造成亏损而反对，后来李国庆答应第一年把亏损控制在 1000 万元以内，二人才达成一致。但在盈利的束缚下，当当没能实现成功转型。那时李国庆曾抱怨过，夫妻创业存在问题，不但管理上很难说服对方，造成决策和执行效率低下，还会对家庭生活造成伤害。这种分歧在后来海航对当当并购时被不断放大。

俞渝及股东希望尽快出售当当网，因为当当在财务上已经失去了增长空间，在电商市场的份额也一再减小，其市场占有率从 2010 年的 9.2%下降到不足 0.5%。但李国庆认为海航并不是一个好的选择，希望当当重回 A 股市场，获得更好的发展。

自当当成立之初，俞渝就主要负责融资、财务方面的工作，李国庆负责公司业务的运营。虽然最终海航并购当当的交易终止，但和海航达成协议的结果，体现出掌握“财政大权”的俞渝在公司决策中的话语权。没过多久，李国庆手中的权力被进一步弱化。2018 年 1 月，当当进行组织架构调整，数据业务、网络文学等业务由当当副总裁陈立均掌管，CTO 李海涛负责电子书开发业务，副总裁张巍管自出版、实体书店业务。在此之前，李国庆虽然从 2015 年开始不再负责整体运营，但他还是“新当当”（自出版、实体书店、电子书、百货自有品牌等新业务）的负责人，俞渝则管理着“老当当”（传统图书业务）。

伴随着李国庆淡出公司，当当变得更加专一，围绕阅读主业进行布局，在独家书、云阅读、线下实体书店等方面展开动作。2018 年，当当累积拥有超过 3 亿用户和全年 4500 万活跃顾客，行业转化率为 25%。在 2018 年中国电商公司盈利榜上，当当的排名位于阿里、苏宁和唯品会之后。2019 年 2 月 20 日，当当网发出公告称，从 2019 年 1 月开始，李国庆不再担任当当网的任何职务，当当网的日常管理决策由俞渝带领公司高管完成。

俞渝管理下的当当少了分权产生的内耗，战略上更聚焦图书主业。时任当当网副总裁的陈立均在接受《新京报》采访时称，俞渝和李国庆的管理有一些区别，但从组织角度而言，当当比以前更有活力。去年以来，当当全力投入阅读业务。2019 年 8 月起，俞渝在当当网内部正式发布了“场景化变革，深度对接用户”的战略，再次调整了组织架构，将此前的出版事业部改组为三个场景化小组：成长焦虑小组、生活方式小组、大学场景小组。她还表示，未来当当将发力听书和电子书业务。根据俞渝在采访中公开的数据，2017 年，当当营收规模 103.42 亿元，净利润 3.59 亿元；2018 年未经审计的销售额为 118 亿元，净利润 4.25 亿元；2019 年预计经营利润 6.1 亿元。不论李国庆和俞渝的矛盾如何激化，但至少当当保持了盈利。

步步为营，谨慎求存

在中国互联网早期的第一次变迁中，大批在纳斯达克上市的互联网公司倒闭，而一直谨慎追求利润的当当活了下来，并且保持着良好的经营业绩。这很大程度上归功于保守的公司文化。

一位面试者在去年应聘了当当的产品经理职位，其告诉界面新闻记者，“当当用的还是格子间座位，看起来稍显陈旧，和现在的互联网公司不太一样。”

和工作环境一样保守的，是李国庆和俞渝的做事方式。20 世纪 90 年代的李国庆和俞渝，都是对事业抱有极大野心的热血青年。在图书行业的李国庆奔赴美国，遇到了在华尔街工作的俞渝，两人相识三个月后闪婚，在美国电商网站亚马逊的启发下回到中国“卖书”，一起运营当当网。作为标品，图书不像其他品类比如服装、3C 等经常需要退换货，加上李国庆在图书行业积累的经验，也为当当带来了价格和供应链上的优势。在网购刚刚兴起之时，当当成为网上图书的代名词，吸引了一大批用户。2004 年，当当网占据中国网上书店零售份额的 40%；2005 年，当当全年销售额 4.4 亿元，仅次于排名第一的淘宝。

李国庆曾这样总结当当实现盈利的方法：“省吃俭用，市场效益，采购优势，运营效益。”其还称，从成立之初当当就采用了持平增长策略。当当拿到的第一笔风险投资是来自 IDG 和软银等机构的 680 万美元。这个数字并不多，但当当的计划书称准备用这笔钱维持三年的运营。

2010 年当当上市之后，京东以每本书比竞争对手便宜 20% 的价格开始进攻，并在资本的助力下和当当展开价格战。那一年也被认为是中国移动互联网爆发的开端，截至 2010 年 3 月，中国有各种经营模式的上市互联网企业达 30 多家。面对残酷的竞争，始终坚持不烧钱的当当必须迎难而上，同时积极寻求转型，开始从图书业务扩展至更多品类。

对外战略上，当当的保守表现得更为突出。从 2004 年开始，当当先后拒绝了亚马逊、百度和腾讯抛来的橄榄枝。不过，这种保守的策略也让当当获得了想要的财务结果。退市之后，当当宁愿放弃扩张来保持盈利，公司方面称目前没有任何债务。俞渝在接受媒体采访时表示，对如今当当 100 亿元出头的营收、4 亿～5 亿元的净利润、七成收入仍专注于图书业务这样“小而美”的状态相当满意。在组织架构上，除了出版事业部的调整，当当于 2019 年下半年进行了大规模轮岗。但这种方式更像传统企业的管理调整，而非商业模式上的革新。陈立均曾表示，“业务和变量之间，技术和业务之间，仓店各店长之间交叉换岗；同时，运作仓店部，管理层瘦身，三层变两层，班组长层不再当‘脱产干部’；店长到主管全部参与一线生产。”在业务上，当当公布“场景化阅读”战略，在公众号、小程序等渠道发力。据当当出版事业部总经理张玲公布的成绩，当当在四个月内与16560个公号达成合作，逐步曝光4.8亿次，带来可监测净增销售码洋5亿元。受惠于亚马逊中国关闭自营纸质书售卖服务，当当在国内线上图书市场的用户能够继续增长。根据当当方面公布的数据，截至2019年，当当累积图书顾客超过35亿，年度活跃用户突破5000万，在2016年其用户数还是1.89亿。当当的人均购书频次实现近四年的首次增长，由2018年的3.85涨到2019年的3.93，客贡献同比增长20%。

浙江财经大学电子商务专业副教授林立伟认为，电子商务中流量就是王道，再把流量转换成购买率，这是当当网的生存关键之一。围绕图书业务，用线下辅助线上的战略也是当当近两年的重点，目前，当当在全国20多个城市有实体店。不过，受疫情影响，当当的福州东百店、沉阳大悦城和烟台的门店都宣布关闭。

在其他品类的线上销售上，当当则开始有选择地放弃。陈立均称，2019年当当已放弃多数百货品类的自营，只邀请服装、百货行业的知名大品牌直接入驻开立旗舰店，让百货扭亏为盈。2019年12月，俞渝在公开演讲中称，当当未来将从大数据的角度继续优化顾客的购书体验，在物流上继续引入技术的研发，而当当在中台、后台、生产各个环节中的研发逐年增加。

当当还经得起多少折腾？

图书行业研究机构开卷发布的《2019中国图书零售市场报告》显示，去年全国图书零售市场规模同比增长14.4%，网店市场规模同比增长24.9%。根据京东图书和艾瑞咨询联合发布的《2019中国图书市场报告》，2018年图书零售额线上占比达到64.1%，预计2019年全年占比达七成。

而当当数据显示，2019年的顾客增长趋势中，三、四、五线城市增速尤为迅猛，其中四、五线城市增速可以高达58%，是特级城市的3.7倍。从这个角度而言，继续“卖书”的当当可探索的市场尚未饱和。但当当的未来，因李国庆的“抢公章”事件被蒙上了一层阴影。4月26日上午9点，李国庆带领4名人员进入当当公司“抢走”公章，之后称已接管当当。当晚6点，当当副总裁阚敏在媒体沟通会上表示，目前当当掌握在俞渝手中。紧接着，李国庆又在当当网公司内部张贴《告全体员工书》，公开指责俞渝，并称其已于4月24日召开临时股东会，全面接管当当。

按照李国庆的陈述，他已经得到了小股东的支持，“在任何意义上超过51%”。北京志霖律师事务所副主任赵占领律师认为，李国庆这一“夺权”过程的关键在于，其召开临时股东会时如何投票，其表决权比例到底多少。公开信息显示，目前李国庆持股27.51%，俞渝持股64.2%。“但是，李国庆认为他和俞渝所持股权均为夫妻共同财产，李实际应持有的股权比例是45.85%，再联合其他股东，持股比例过半，可以做出成立董事会的决议。”在李国庆的《告全体员工书》中，其中一项决定为，在其接管公司后，“公司拟以2019年度税后净利润30%进行股东分红，以缓解中小股东的当前压力，公司近期将依法作出相应利润分配安排”。对于小的股东而言，李国庆的声明更容易获得支持。

对于这一点，当当方面则表示不可能拿出公司净利润的30%来分红，一是互联网公司没有先例，二是疫情当下公司仍需要现金流进行持续经营。赵占领据认为，尽管这份股东大会决议很可能会被认定为无效，但李国庆应该经过深入研究和综合评估。李国庆的策略是，不论股东会决议是否最终被认定为有效，他先实际控制公司并争取员工支持。即使俞渝就此提起诉讼，也耗时较久。同时两人再打离婚诉讼，最终可能会对两人共同持有的公司股权进行平均分割，届时李国庆所持有的股权比例也会达到45.85%。而一旦李国庆“重回”当当，这家老牌电商在最近几年的发展路径将被完全推翻。4月28日，李国庆发朋友圈称，“当当急需招募几位85后、90后副总裁，在知识付费、社交电商，在新互联网运营以及百货业务上”。问题在于，李国庆此前做的新业务并不成功，其创立的“当当羊绒”没有得到市场认可，2015年其主导的创投基金也没有什么重磅项目。七麦数据显示，李国庆创办的知识付费产品“早晚读书”自去年6月上线以来，总下载量为53万左右，在图书榜类中APP中排名第94，而像樊登读书这样的竞争对手，下载量远超“早晚读书”，在榜单中排名第5。且天眼查数据显示，李国庆该项目持股仅为1%。对于当当而言，专注图书业务或许还有维持现状的可能，但在其他领域，很难有竞争力。据易观千帆的统计数据，在2019年第三季度中国网络零售B2C市场中，当当网的市场份额仅为0.4%。当当经不起再继续折腾了。

第一节　互联网营销和跨境平台的演进过程

一、互联网营销的发展

2008年，传统的互联网营销在阿里巴巴旗下的淘宝网开始盛行，电子商务开始在全国遍地开花。当时的淘宝网开始使用线上的互联网营销推广模式，包括网页的推广、首页的横幅广告；到2014年开始结合手机进行线上推广；2016年，新零售的诞生，开启了线上和线下相结合的推广模式。1995年中国的黄页诞生，再到2019年的5G时代，互联网营销推广方式越来越多元化，如直播、抖音等一些互联网社群工具，许多平台正在进入我们的生活中。互联网营销从早期单纯的网络平台图片的推广，再到现在直播与消费者互动，互联网营销正在中国国内发生着改变。

互联网营销逐渐转变成体验式营销，在很多领域，体验式营销都发挥着重要的作用。分析消费者的消费行为，关注其生理和心理层面上的体验感受，可以更好地理解消费者的心理，提高品牌知名度。

在学习互联网营销的过程中，最重要的是学习互联网营销的整体历史故事，不同的时间段有不同的故事，这些故事可以帮助读者达到更好的学习效果。

互联网营销对于商家和消费者来说，具有重要的概念。商家通过对产品的推广，达到让消费者认识自家产品的目的；而消费者通过商家的推广，在购买产品过程中可以快速体验产品。消费者体验对于跨境营销推广有重要的推动力，在这种推广下，商家可以得到消费者的信任，并且能够进一步地提升其品牌价值。互联网营销要面对的问题很多，如消费者市场中不同的语言、文化、薪水等。

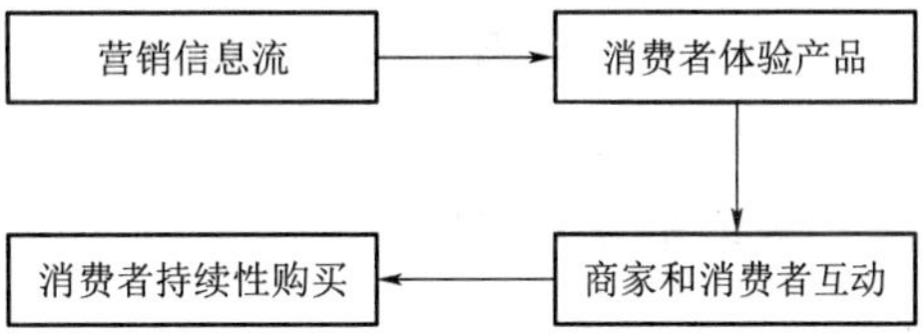

图 1－1　互联网营销中消费者和商家的关系图

图 1－1 所示为互联网营销中消费者和商家的关系图。

二、国内互联网和跨境平台公司的发展

1997 年，中国开启了互联网营销的发展新阶段，马云、马化腾、周鸿祎等都是在这个时间点开始创业。2000 年以后，互联网营销进入了应用和发展阶段，例如以阿里巴巴、慧聪网为主的 B2B 信息网站，让许多传统的卖家可以找到适合的买家。大约在 2000 年，论坛、官方网站等可以发布信息，为商家带来潜在商机。2000 年以后，网民的数量逐渐增长，很多家庭开始购买台式计算机，接入了宽带网线，企业开始了通过计算机连接网络办公。许多公司开始通过网上搜寻信息和寻找货源，这就是互联网带来的红利。一批有头脑的人，开发了平台或者公司网站，让自己成为了接收海量大数据的人。同时互联网营销搜索引擎，例如百度、Google，受到人们的欢迎。跨境电商营销推广到境外的消费者，境外的消费者的浏览量变成跨境操作运营的关键成功因素之一。

信息分享是跨境平台最重要的关键因素之一，潜在用户搜寻到的信息，对于买卖双方具有一定的帮助。所以很多卖家开始找 Google 和百度来做营销，让自家的网站、产品信息出现在搜索的首页。在网站中搜索到的产品排名对于卖家来说是很重要的，包括排名和点击次数，最终的目的就是要让网站能够往前排。

为什么这样说呢？原来在网络上，当我们有需要了，去找信息买东西，正好商家出现在我们的面前，介绍的内容让我们产生了兴趣，这一兴趣让“链接”产生了。阿里巴巴和百度是信息的中介，我们在淘宝上买东西，是基于对淘宝的信任；在微信商城中，你会基于对微信的信任去购买吗？

微信朋友圈营销的红利期经过几年的发展，势头已过去了，除了朋友圈微商，还有其他两样营销手段：自媒体公众号和微信群营销。微信公众号刚开始还有人点击和阅读，因为朋友圈带来的传播链接，以及大家对于公众号信息推送标题的新鲜感，很多公众号文章能突破 10 万＋的阅读量，但是随着朋友圈里链接打开率降低，以及积攒的公众号推送越来越多，导致围绕公众号做营销的效果越来越弱。很多原来做公众号的自媒体，开始转战今日头条、百度百家、知乎、一点信息这样的平台。

移动互联网还有另外一个营销红利就是直播和短视频营销，从最开始的 YY 直播、花椒、映客、美拍、快手，到现在很火的抖音，打造了无数的网红，让很多平凡的人在互联网里火起来。

三、跨境电商互联网

（一）跨境电商卖家

阿里巴巴旗下的淘宝和天猫的卖家数量多达几百万家，比 10 年前多了 10 倍。如今，国内的电子商务平台比 10 年前竞争更激烈，或许只有 10％的卖家能赚钱，甚至可能只有 5％，整个平台都在拼价格和成本，造成国内许多卖家要去境外销售产品和服务。在国内跨境电商有许多平台，如亚马逊、虾皮、eBay、Wish、兰亭集势、敦煌等。进口跨境电商平台有洋码头、天猫国际、苏宁云商海外购、网易考拉海购、顺丰海淘。

全球速卖通是阿里巴巴旗下唯一面向全球市场打造的线上交易平台，被广大卖家称为“国际版淘宝”。全球速卖通面向海外买家，通过支付宝国际账户进行担保交易，并使用国际快递发货。速卖通的特点是价格比较敏感，低价策略比较明显。速卖通市场的侧重点在于新兴市场，特别是俄罗斯和巴西。

国内好的产品想要推广到海外，可以通过跨境的平台来销售到海外，这样的跨境商业模式，可以给卖家带来商业效应。跨境主要结合了语言学、国际贸易、营销学、供应链管理等相关的概念。跨境营销主要是要针对不同国家和区域的市场来做调查，因此营销的对象和图片语言都需要做设计和推广。

跨境电商平台可以出售卖家的商品，如国内的农产品、手工艺品、食品、衣服等。2020 年年底，国内的消费者越来越喜欢通过互动方式来购买产品，如在直播间购买。受到新冠疫情的影响，导致许多产品无法销售到海外；但是只要等到疫情结束后，相信产品会以更快的速度销售到全世界不同国家和区域。

（二）跨境运营和营销的协同合作

跨境营销在不同境外国家和区域中，商业模式、物流、支付、营销等都不同，因此需要平台与境外国家或区域相互合作。跨境属于区域间的合作，包括货运物流、支付方式等都需要区域合作。透过这样的合作才可以让不同的货物跨境进出，同时需要一套机制和法则，规范跨境电商运营和营销模式。

以 2019 年的浙江省宁波市的政府工作报告为例，在对 2019 年主要工作进行回顾时，宁波的有不少亮点。在“着力稳企业稳增长”部分，报告提到了消费稳中有升，宁波跨境电商交易额增长 41.6%，开放是宁波最大的优势。政府工作报告在论述 2018 年“着力深化改革”时，提到了对外开放进一步扩大，其中，宁波“一带一路”建设综合试验区、17+1 经贸合作示范区建设扎实推进，中国-中东欧国家博览会升格为国家级展会。

港口是宁波最大的资源，宁波舟山港货物吞吐量连续 11 年蝉联世界第一。在“着力落实国家战略举措”部分，提到了海洋经济发展示范区建设取得新进展，全面推进舟山江海联运服务中心建设，加快发展甬台温临港产业带。

通过上述论证总结出，跨境电商需要政府、企业和消费者的支持，要以市场需求为导向。跨境电商需要把好的商品销售到海外，让平台和卖家从原本的国内市场逐渐扩展到海外市场。从国际贸易的概念来看，主要从进出口商、卖家身份、境外消费者的角色来考虑彼此间的关系，这一系列的关系中最重要是通过不同角色之间的合作，这是使得跨境电商运营和营销能够成功的关键因素之一。

（三）跨境电商 2020 年调查研究

通过图 1-2、图 1-3 可以看到跨境电商的环境状况。受 2020 年新冠肺炎疫情的影响，全球的国际贸易呈现出停滞的状态，但是浙江省的跨境电商产业状态还是比较平稳的，可以预测到疫情结束后，国内的跨境电商产业会呈现增长趋势。

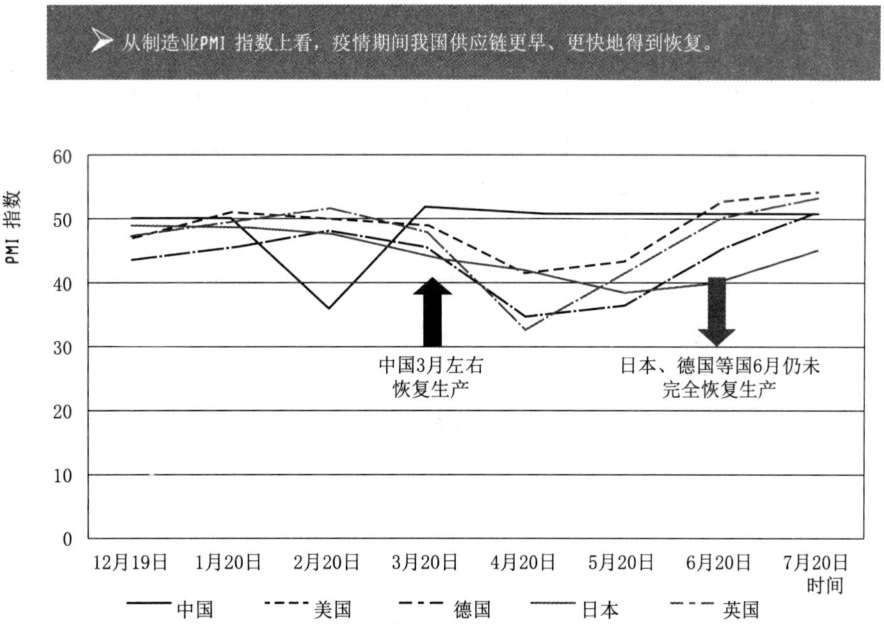

图 1-2　疫情前后各国制造业 PMI 对比

（数据来源：中国国家统计局，Markit Research，日本经济产业省）

➤ 浙江省跨境网络零售呈现逐年增长态势，2020年在疫情影响下仍保持平稳发展。

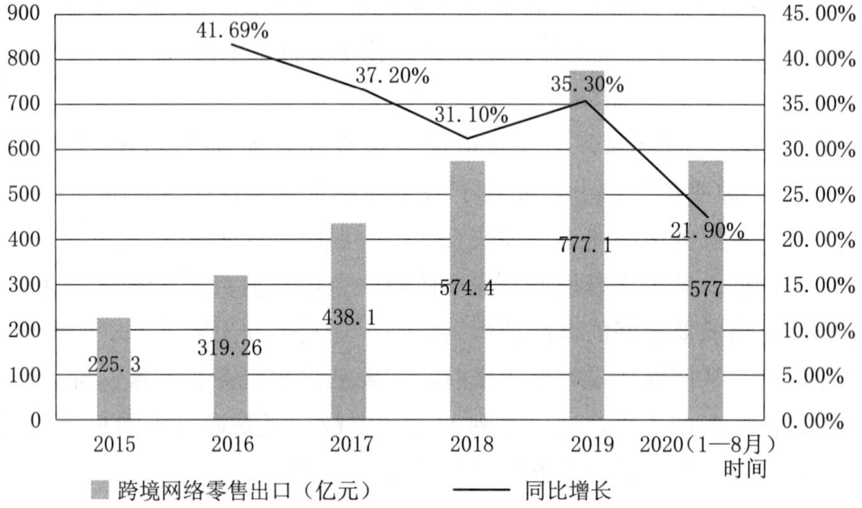

图 1-3　2015—2020 年浙江跨境网络零售出口情况

（数据来源：浙江省商务厅）

四、“互联网＋”的时代背景

（一）“互联网＋”在中国国内成为近年来新的风潮

近年来，许多企业都开始应用“互联网＋”推广商品和应用。在早期的电子商务平台，通过横幅广告搜索点击推广，或者通过搜索点击百度、Google 中的关键词进行销售和推广。我们就以早期人类以物易物的概念，进一步用金钱来衡量商品交易的概念，再到 2015 年后开始有互联网跨境交易的概念。这样的运营概念，主要通过“互联网＋”来连接到境外各个地方的商品。

早期的商人在卖自家的商品时，需要带一个行李箱飞到世界各地，现在因为互联网的便利性和快速链接，变成了用互联网来快速连接生意的往来和营销推广。

在“互联网＋”时代，跨境企业的市场营销模式和环境正在并即将发生深层改变。2020 年，新零售的商业模式升级，传统（线下）的模式难以再跟网络营销来竞争，企业在市场营销的思维和战略思考上需要进行哪些转变呢？

（二）“互联网＋”取代传统企业经营模式

在传统的经济时代，企业和消费者之间是没有对话的。二者之间只是简单的交易金钱和商品的关系，属于一种买卖行为，你交钱，我交货，然后就没有其他的服务和后续的交流。买卖双方之间的关系需要去维持和服务，顾客才能长久光顾生意，卖家不只要维持好原来的消费者，还要发展新的消费者。阿里巴巴早期成立黄页，主要就是让企业能够通过互联网的链接来销售产品。黄页产品的平台最主要是建立起买卖双方的忠诚度。

跨境电商最主要的营销对象就是“粉丝”，“粉丝”就是流量，流量在平台上可以去买，买到属于自己的消费者。如跨境的阿里巴巴全球速卖通、亚马逊平台、虾皮等网站，需要的就是以消费者为主的服务和目的。现在的平台会以刷屏、刷礼物、抽奖等模式来跟消费者玩游戏和互动。

以互联网的思维重塑商业与管理，以“粉丝”为核心驱动商业、运维模式的重构与升级，对于许多企业来说，这意味着一场全新的革命或战役。

以下几点是跨境营销通过互联网营销基础来做的延伸：

（1）彻底告别交易营销的理念而转向关系营销。注重长期的关系维护。营销的价值主要是跟消费者来做长期的伙伴关系，进一步让好的产品能够参与品牌传播，为企业提供强有力的信用背书。

（2）跨境电商平台提供多样化的产品。把好的产品推销给不同国家的消费者，围绕顾客需求，重新梳理公司的产品与服务体系。注重顾客关系管理与体验管理，给消费者带来更高的价值与难以忘怀的过程体验，借此培养价值认同。

（3）消费者的“参与感”。让顾客感觉到自己是公司或品牌不可分割的一分子，进而产生认同感、成就感、归属感，甚至建立起自身的品牌价值。

（4）消费者事务历史记录的追踪。重视对顾客及“粉丝”的线上和线下的结合和认可、互动与激励，进一步创造出跨境电商营销模式。

第二节 消费者体验与跨境营销推广

一、消费者体验

（一）通过 VR 体验跨境购物

卖家会用怎样的方式让消费者通过跨境营销，得到购物的体验呢？以美国的服饰卖家为例，他们在网上销售，可以让消费者通过线上的 VR 眼镜直接逛衣服商店，就好像在实体商店购物。我们在前面已经提到了现在的产品需要国际化，让某些产品能够不断在不同国家和区域之间销售与应用。

（二）线上直播带货

跨境推广方式可能跟以往的方式不尽相同，例如现在的跨境营销方式可以通过线上直播推广到不同区域，最重要的还是给消费者带来体验。就像我们平常去实体手机店购买小米或者华为手机，就是打着让消费者能够体验的旗号。

跨境电商营销带货现在成为越来越新的商业模式。直播带货方式可以创造惊人的消费力。例如李佳琦、薇娅的直播带货，虽然仅一个链接提供给卖端就需要缴纳连接费用 60 万元人民币，但可以马上带来几百万元的销售效益，这就是直播带货在国内新的商业模式。

还有抖音、拼多多、西瓜直播等直播平台会提供直播打赏、语言互动、图片等相关直播方式。直播的营销方式、直播互动等相关的商业模式，可以进一步与新零售来结合和打造。直播脚本和设计对于跨境电商运营和营销是很重要的，怎样去设计一个方案让跨境营销可以精准地找到消费者，这是一个很重要的因素。2020 年，许多直播平台开始采用直播带货方式，通过脚本设计和营销方案快速达到跨境营销的销售额。

（三）跨境线上买卖双方互动

相信未来跨境的虚拟体验，会因为高科技的产生，从而解决这一系列的消费者购物体验问题。例如 5G 时代的来临，会解决跨境体验问题，相信 5G 的速度可以让跨境商业模式更加成熟。跨境营销会打破传统的互联网营销的方式，包括可以精准地找到消费者来体验产品。物联网会解决现在跨境的问题，让跨境的营销方式从产品、价格定位、促销模式、推广模式（4P）更加快速地打入不同区域市场。

以欧洲的一个咖啡馆为例，消费者到店里喝咖啡，对于店内环境如果喜欢可以通过手机来下单；但是现在消费者可以通过线上的 VR 虚拟眼镜来体验购物，这些改变会让我们通过高科技来改变生活和购物方式。

消费者体验在心理学来说是个有趣的话题，体验最主要目的是让消费者满意，进一步驱动消费者的购买。消费者持续性购买在跨境电商领域是一个有趣的话题，毕竟在运营模式过程中，需要有买卖双方的信任，才可以让跨境营销的模式成功运营。

（四）关键词点击和累积流量

找到属于自己的消费者需要关键词广告和精准投放广告。尤其是跨境消费者因为不同的文化背景、生活水平（工资）、教育程度、年龄，会产生不同的想法和偏好。

1. 快速曝光

一旦广告投放完成，在搜寻结果中便会立即出现，相较于搜索引擎优化（SEO）需要长时间的经营，Google 关键词广告可以迅速达到曝光效果，并且增加网站流量。搜索引擎的逻辑为 SEO 分数越高，网页排名越靠前，随着搜索引擎的技术大幅提升，大多数人能在搜寻结果第一页就找到需要的信息，因此在第一页之后的页面，很少会被浏览，所以大家总是挤破头地想要往前排，也印证了 SEO 排名的重要性。

2. 精准化

关键词的精准推广在跨境电商需要积极投放和应用。

3. 成本随竞争市场变化

由于 Google 关键词广告的计费方式是以点击数而定的竞价广告，因此点击量越高，要支付的金额就会越多，而竞争激烈的关键词通常成本也会越高。但 Google Ads 可以设定每日预算，也就是说预算金额是固定的，不会无限制地攀高。

4. 版位优势

我们发现在一些跨境电商平台中，不同的位置有不同的效果。设定关键词广告后，网页就能在该关键词的搜寻结果页面上方被看见，占据了搜寻结果的前几页，使得曝光率大幅增加，更能吸引用户点击。图 1－4 为亚马逊的国际购物平台，可以显示出平台销售的一些产品和内容。

图 1－4 亚马逊的国际购物平台

5. 持续而稳定的优质流量

关键词优化是需要长期经营及累积的工作，虽然不会像广告在短期内能看到成效，但是关键词所创造的流量是长期而稳定的。这就使得关键词营销成为被动曝光的形式，换句话说，当人们有需求时会主动搜寻需要的内容或商品，在此前提下，搜寻者基本上已经产生需求，只是通过此方式达到网站的流量，转单的概率会大大提升。

稳定的流量对于跨境平台如亚马逊、虾皮网站等，最重要的关键因素在于要有稳定的流量。我们就以实体商店来说，一家好的商店最主要的问题是消费者客流量并且能够持续性地购买商品。跨境电商平台最主要的观察因素在于让消费者能够持续性地逛网站和购买相关喜欢的产品。

二、跨境营销推广的模式

（一）互联网结合 AI 人工智能推广

互联网给商业世界带来了几个重要的趋势。2020 年跨境营销的推广模式逐渐转变为 AI 人工智能推荐系统，可以此观察消费者的购物行为，并且推荐新的商品给适合的消费者。这种方式，可以让跨境营销进一步精准地通过网络推广给消费者。AI 可以通过计算机来精准地找到消费者，甚至精准地推广到适合的消费者人群。

（二）跨境营销产品特点

跨境营销的产品属于服务产品化，在老派的营销观点中，服务总被视作产品的附加，通常以成本中心而非利润中心存在。如何将服务加持、打造成为与有形产品一样有标准、易于被评估、顺利让消费者买单的产品。美国上市公司 LegalZoom 从 1999 年开始，以产品化的思维为中小企业和个人提供法律文书服务。早期，他们聚焦于申请商标、创建公司、书写医嘱以及订立租赁合同这些相对容易的非诉讼类服务，将顾客所需提供的讯息细化为一条条非常清楚、具体的问题，并以问卷的形式直接放上网站。用户通过问题指引，一步步将自己的需求描述清楚，可以在不超过五分钟的时间内获取所需的法律文书。后来，他们又整合传统律师所提供的服务，将业务逐步延伸到诉讼领域。究其发展壮大之道，乃是建立并且不断优化服务的标准和流程，让一切可追溯、可感知，从而也就为自身的规模化提供了可能。

近年来许多产品都开始在平台上销售，造成产品平台化，平台的出现，从根本上改变了众多传统行业的商业模式，也让其竞争格局发生天翻地覆的变化。诺基亚的衰落，究本寻根是由于 Android 和 iOS 操作系统的出现，吸引了大量第三方、应用开发者、线上广告商等新的参与者，将手机产业这一传统价值链转变为一个平台产业，手机制造商的地位从之前的产业核心，转化为平台的一个普通参与者。我们就以 iPhone 系列手机来说明，iPhone 手机在全球各地销售，全世界消费者已习惯性每年期待新的 iPhone 系列产品上市。以 2020 年的 iPhone12 上市为例，消费者们就会期待是否有新的功能，还会在网络上看宣传影片和开箱文。iPhone 已经成为全世界知名的手机品牌，手机会在官网或者实体旗舰店来销售，或者是授权给旗下的平台销售商。

以运动品牌 Nike 为例，前几年体育用品行业出现衰退，各大品牌业绩下跌、关闭专卖店的新闻此起彼伏。Nike 则通过 Nike＋平台战略与数位创新，推出 Nike＋平台、发力可穿戴设备领域，将各类运动产品、用户连接在一起，为用户提供线上、线下（如夜跑、品牌体验店、马拉松等）的专业运动服务，提升运动体验，并从中挖掘更多商机。为了创造更优质、更难忘的服务体验，他们并非单纯依靠自有的研发团队，而是将平台思维践行到底，与知名创业孵化器 TechStars 合作，推出 Nike＋ 孵化器项目，鼓励创业团队利用其平台开发更多创新应用。通过“用户＋数据＋服务＋终端”的平台化布局，耐克在最近两年的销售业绩获得大幅增长。

我们发现 Nike 主要用高科技来提升产品的功能。因为 Nike 不断创新，打破了以往单纯的运动产品功能，产品的新思维贴近了消费者的体验，才可以创造出新的产品，并且销售到全世界，各大知名电子商务平台来进行销售与服务。Nike 除了有电子商务平台店外，在全球有许多的实体旗舰店，让消费者可以实际体验和应用，进一步达到线上和线下的大结合。

现在许多平台会结合大数据的概念来分析产品和消费者的购买行为。同时，为了方便地实现围绕海量数据的存储、共享、分析和利用，更好地打通线上、线下服务的死循环，企业还需要关注平台数据化这一趋势，更多地融合信息化、数据化的工具和理念。

"互联网＋"时代给传统的管道管理与运营带来极大挑战。由于消费者的生活及消费轨迹开始融合，企业应该快速整合各种线上、线下的管道，结合二者的优点，多角度、全方位地接近消费者。传统企业和互联网企业也就此进入了全体验圈竞争的崭新时代。

三、高科技导入跨境营销推广的方式

高科技已经导入到跨境电商平台，包括了 VR、AR 的导入，这些让消费者在虚拟平台购物时想象在实际购物的场景。另外许多的实体商店让消费者通过扫 QRCode 来下单或者享受优惠的服务，这一系列高科技导入式直接贴近消费者的服务，进一步促进消费者冲动的购物行为。

（一）实体展厅

互联网已经打破了传统的销售模式，并且互联网企业不断挤压传统企业的生存空间，在传统企业节节败退之际，纷纷进军网上市场。然而，许多互联网公司也开始向实体领域渗透，纷纷开辟线下体验店、实体展厅。美国的男装电商 Bonobos 在成立之初是一家专注于线上销售的企业。而在过去几年里，Bonobos 在美国多个主要城市推出了线上与线下无缝对接的"指南商店（Guide Shops）"。顾客们只要走进店里，找到适合自己尺寸的裤子、衬衫或套装，在下订单后 48 小时内，服装就会直接送到家里。通过这种模式，Bonobos 相比较传统服装企业在库存压力、运营成本上得到了缓解，而相比其他的纯粹互联网企业，则可提供无可比拟的线上、线下融合之体验。

（二）智慧试衣

美国的高端零售商 Nordstrom 正利用 eBay 的一项技术，提供功能强大的"智能试衣间"。那里的试衣镜不仅是一面镜子，更是一个可操作的屏幕，可以展现店内所有款式服装的详细数据。利用 eBay 所提供的技术，顾客在 Nordstrom 的试衣间中用手指轻触镜面，就可获得可供挑选的颜色、尺码，甚至包括相关配饰等详细的资料。随后，卖场的工作人员就会把所选产品送至试衣间。据了解，该公司计划在高科技领域投入 12 亿美元，其中涉及物流运输及店内服务的改造。该公司渴望充分利用科技的力量，将实体店与虚拟世界相结合，为顾客提供两个世界的精华。高科技的服务让消费者真正体验到与实体商店购物的情景，这种模式正在打破传统的消费者购物模式。

（三）扫码购物

扫码购物在我们生活中已经成为一种模式。微信的扫码购物已经推进到荷兰的一些商场和机场，扫码购物已经成为消费者的一种生活方式。扫描二维码除了能添加好友，获取产品信息做价格比较外，还有什么用？拥有 91 年历史的澳洲食品零售商 Woolworths 开发了一款手机应用，然后把加上二维码或条形码的产品图片大量张贴到地铁站、商圈等的展板上，消费者通过智能手机扫描二维码即可完成购买和付款，产品则直接配送到家。相比较传统超市而言，该模式具有构建成本低、购物方便快捷、容易展示宣传的特点。同时，可针对不同地点和场合的特征，实现灵活、精准地投放，给消费者带来前所未有的购物体验。

我们可以大胆地想象，通过与不同行业合作等元素相结合（例如旅行期间入住酒店，可直接扫码购买客房内喜欢的家具、电器及陈列品，由供货商直接配送到家；酒店提供产品及二维码的陈列空间，扩大自身利润来源，供货商获得额外的展示与导流机会），这种模式未来还将有广阔的发挥空间。

第三节　互联网 4P、4C、SWOT 分析等概念

一、4P、4C、SWOT 在市场营销中的概念

（一）4P 分析

4P 是商品或服务营销中涉及的关键因素，指产品（商品或服务）、价格（消费者支付的价格）、地点（销售产品的地点）和促销（广告）。4P 通常被称为营销组合，在整个业务环境中受到内部和外部因素的约束，并且彼此之间存在显著的相互作用。公司使用这 4P 来确定其业务的一些关键因素，包括消费者从他们那里得到什么，他们的产品或服务如何满足或不满足这些需求，人们如何看待他们的产品或服务，他们的立场如何。从竞争对手中脱颖而出，以及他们如何与客户互动。

（二）4C 分析

营销专家罗伯特·劳特朋（ Robert F. Lauterborn ）在 1990 年提出以消费者需求为中心的 4C 理论，包括下面内容：

（1）消费者需求。

（2）消费者购买商品的成本。

（3）消费者的便利性。

（4）如何和消费者沟通。

他强调品牌经营者应该生产符合顾客需要的产品、以顾客愿意付出的成本来确定价格、过程要考虑顾客购物的便利性，以及提供顾客双向沟通的管道。4C 也许无法取代 4P，但是随着消费者地位提高，并利用各种工具为自己发声的现状，品牌经营者在拟定策略时，如果改从消费者的角度发展各项营销策略，相信更能提高顾客的满意度。

以下是关于 4C 的定义和说明。

1. Customer 顾客

企业必须首先了解和研究顾客，根据顾客的需求来提供产品。同时，企业提供的不仅仅是产品和服务，更重要的是由此产生的客户价值（Customer Value）。

2. Cost 成本

不单是企业的生产成本，或者说 4P 中的 Price（价格），它还包括顾客的购买成本，同时也意味着产品定价的理想情况，应该是既低于顾客的心理价格，也能够让企业有所盈利。此外，这中间的顾客购买成本不仅包括其货币支出，还包括其为此耗费的时间、体力和精力，以及购买风险。

3. Convenience 便利

指购买的方便性（Convenience to buy）。比之传统的营销过程，新的观念更重视在销售过程中，强调为顾客提供方便，让顾客既购买到商品也感到方便。

4. Communication 沟通

企业应通过同顾客进行积极有效的双向沟通，建立基于共同利益的新型企业/顾客关系。这不再是企业单向的促销和劝导顾客，而是在双方的沟通中找到能同时实现各自目标的途径。

不过当然，4C 理论也有其不足的地方，它以顾客需求为导向，但顾客需求有个合理性问题，如果企业只是被动适应顾客的需求，必然会付出巨大的成本，根据市场的发展，应该寻求在企业与顾客之间建立一种更主动的关系；4C 虽然是以顾客为中心进行营销，但却没能体现既赢得客群，又长期地拥有客群的关系营销思想，即没有解决满足顾客需求的操作性问题。

（三）SWOT 分析

SWOT（优势、劣势、机会和威胁）分析是用于评估公司的竞争地位和制订战略计划的框架。SWOT 分析评估内部和外部因素以及当前和未来的潜力。

SWOT 分析旨在促进以事实为基础、以事实为依据、以数据为驱动力来查看组织的计划或行业的优缺点。组织需要通过避免先入为主的信念或灰色区域，而应专注于现实环境，以保持分析的准确性。公司应将其用作指导，而不必作为处方。

（1）SWOT 分析是一种提供评估工具的战略规划技术。

（2）识别核心优势、劣势、机会和威胁会导致基于事实的分析的新观点和新想法。

（3）当组织内的不同团体或声音可以自由提供现实的数据点而不是规定的消息传递时，SWOT 分析最有效。

二、跨境市场调研的重要性

跨境市场调研的重要性对于卖家来说不言而喻。传统企业中许多高层主管在开会时第一句话会问业务人员“产品的市场在哪?”“你有针对市场来作详细的调查吗?”从这些可以很清楚地发现市场对于一家公司是多么重要的事情。商家在做跨境营销前，大都会先做市场调研，例如欧洲、美国、俄罗斯、加拿大等平台，最重要的就是要先对消费者的需求和产品来做市场调研的工作，最终目的是让前期的跨境营销推广的工作能够顺利，并且能够打开后续的市场。

跨境营销市场调研对于整体市场来说是很关键的因素之一。直觉和经验可以对决策有所帮助，但客观的市场调查分析往往能够更准确地描绘出市场前景，避免经理人在不了解市场状况之前就在没有充分根据的前提下规划策略，对市场偏差的理解可能会造成大量资源浪费。比如规划网络营销策略时，没有对受众进行最基本的理解和累积、没有了解竞争者的产品方案和促销策略，就贸然投广告，就很难有起色。

多数人都觉得需要市场调研公司或是自己操作市场调查时，都是发生在要踏入新市场的新企业，但其实并非如此，只要列出定期操作市场调查的优点，你就会知道该何时进行操作。

（一）确定产品和服务的销售潜力

（1）确定客户的人口统计特征。

（2）选择适当的地点和位置来开店。

（3）为产品和服务提供确切的价格和良好的服务。

（二）吸引客户来购买产品

（1）确立公司形象和设计 LOGO。

（2）为产品和服务提供一连串的售前、售中、售后服务。

（3）通过广告找到符合自己的客户群。

在做跨境电商营销过程中，首先确立自己的市场目标，明确地知道通过市场调查能获得哪些信息和数据。

（三）常见的五种市场调查方法

1. 电话访问

AI 计算机电话访谈、功能化的专业调查系统，以计算机网页模式为接口，进行电话访问调查。

2. 面对面访问

受访者直接面对访问员，以问卷访谈方式进行，虽然所需运行时间较长，但此种问卷收集的数据最为完整和详细，也可以完全锁定想要分析的客户群。

3. 网络问卷

能在短时间获得大量样本，且不须支付高额成本，但无法确定填写问卷的对象，因此有时候会让分析结果出现误差。

4. 神秘客（店访）

至指定商店购买并完整记录购买流程、结账流程等来获取要分析的资料。

5. 留置试用

常发生于消费性产品中，因无法让消费者在受访短时间内发掘出真正的想法与喜好，将产品留置于消费者身边，让其使用一段时间后，再派访问员联络消费者进行访谈。

但一般少被提及的是，在网络时代，市场调查可以参考搜索引擎关键词的成效测试，市场需求通常会反映在关键词的搜寻热度和点击率上。

第四节　跨境电子商务应用于跨境互联网

一、跨境电商平台海外仓设点和操作

（一）海外仓设点直接服务当地消费者和运营营销

在海外设仓库，例如在德国设立仓库，卖家可以在海外仓库来销售和运营营销，可以省去从国内发货、物流、营销的过程。海外仓可以替卖家在跨境电商运营和营销线上操作，让海外仓产品可以快速地送到消费者手中。现在很多卖家在欧洲设立海外仓，因为欧盟的关系，商品可以通过欧盟快速地送到欧洲各个国家的市场。海外仓对于跨境来说是个很重要的成功商业模式，包括从出货到退货都可以在当地来运营和应用。海外仓库对于每个区域的操作具有一定程度的影响，包括提供给当地的消费者服务和售后服务。

（二）亚马逊平台跨境操作

图 1 - 5、图 1 - 6 为亚马逊平台后台操作及产品上架服务。

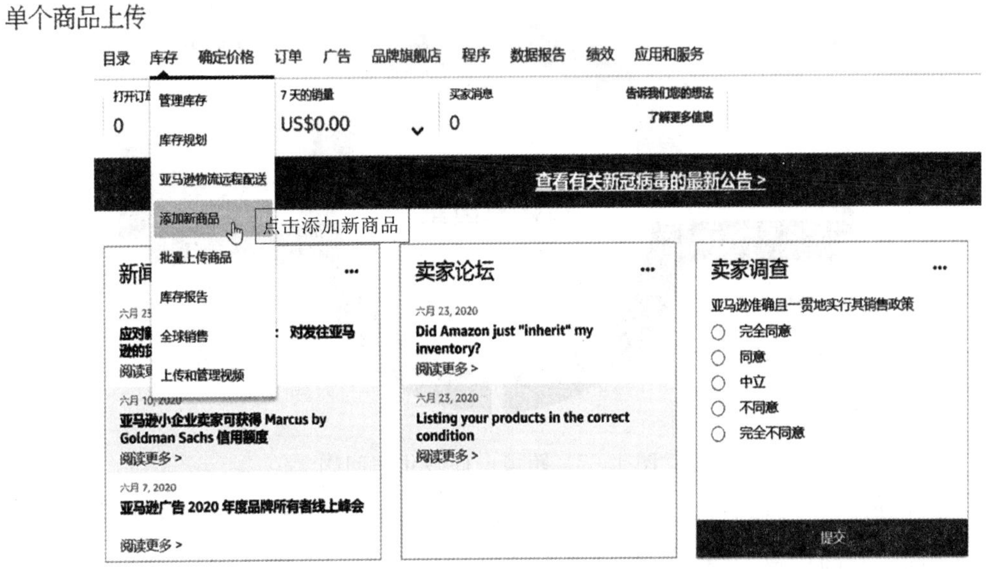

图 1 - 5　亚马逊平台后台操作

单个商品上传

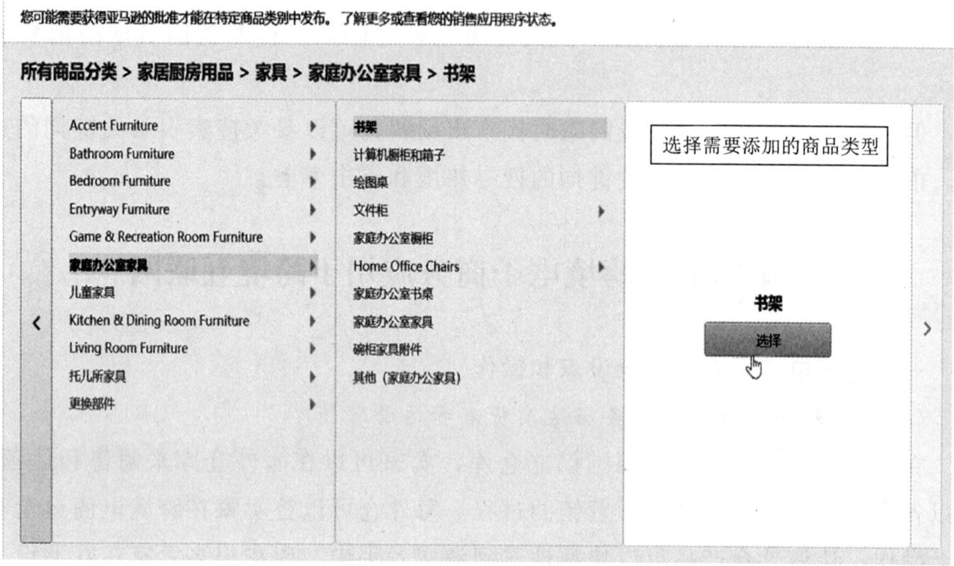

图 1－6　亚马逊平台后台产品上架服务

二、跨境平台点击率和转化率

从图 1－7 中可以很清楚地看到跨境电商转化率的问题。消费者最需要了解产品的卖点和利益点。而产品的卖点和优点对于卖家来说很重要，尤其是对跨境电商营销来说，产品的特点和卖点要告诉消费者，以此来刺激消费者去购买。

图 1－7　跨境电商转化率问题

网站转化率（conversion rate）是用户进行了相对应行动的访问次数（购买行为）与总访问次数的比率。相对应行动所包含的东西很多，可以是用户登录、用户注册、用户订阅、用户下载、用户购买等用户行为，因此网站的转化率是一个广义的概念。

以用户登录来说，如果每 100 次的访问中，有 10 个用户登录网站，那么此网站的登录转化率为 10%，而最后有 2 个用户订阅网站，那么订阅的转化率为 20%，一个用户购买产品，则购买转化率为 50%，而最终网站转化率为 1%。

网站转化率越高，网站盈利能力越强，单位来访者产生的客户就越多；提高网站转化率能够在无法增加流量的情况下增加网站的盈利，所以网站转化率是我们必须关注的指标。针对转化率的计算公式如下：

转化率＝转化次数/点击量

网站转化率＝进行购买访问量/总访问量

例如：10 名用户看到某个搜索推广的结果，其中 5 名用户点击了某一推广结果并被跳转到目标 URL 上，之后，其中 2 名用户有了后续转化的行为（购买产品）。那么，这条推广结果的转化率就是（2/5）×100%＝40%。转化率是网站最终能否盈利的核心，提升网站转化率是网站综合运营实力的结果。

衡量网站转化率的因素包括以下内容。

1. 广告点击率

这类推广都是高投入、高回报，广告的目的是推广网站和产品，提升品牌形象和销售量，所以检验此类产品的转换率的指标就是点击率，点击率可以反映出广告是否吸引人，有多少人通过广告进入网站。

2. 二跳率

在广告中，可以通过点击率来了解有多少人来到网站，而进入网站后就是要通过二跳率来了解转化率。二跳率指的是用户来到网站，如果对网站内部的页面、产品感兴趣，就会进行二次点击，而这个行为就是二跳，二跳率跟跳出率是相反的概念，所以二跳率越高越好。二跳率计算公式为

二跳率＝二次点击量/网站访客人数

3. 咨询率

进入产品页面后，用户被产品吸引，产生兴趣，这个时候用户就会通过网站联系方式（E－mail、电话、线上询问）进行咨询。咨询率计算公式为

咨询率＝咨询用户数量/产品页面用户数量

4. 订单转化率

当访客访问网站时，把访客转化成网站的常驻用户进而再提升成网站的消费用户，由此产生的消费比率。订单转化率计算公式为

订单转化率＝订单数/咨询量

【本章小结】

1. 通过“互联网＋”的历史了解从传统营销到互联网营销和跨境营销的过程。

2. 一方面消费者体验是跨境营销取得成功的关键因素，另一方面在本章提到了

商家直播如何带来流量，并且如何转成购买力，是整个营销的关键成功因素之一。

3. 4P、4C、SWOT 分析等相关的概念。

4. 海外仓的设点对于帮助卖家有很重要的意义，不同区域的操作模式会有不同的方式和方法，需要去做设计和了解。

5. 亚马逊平台的操作模式，卖家可以进行设计和操作。

【本章重要关键词】

互联网+　点击率　转换率　4P　4C　扫码购物　消费者体验　海外仓

【本章课后思考】

1. 请说明 4P、4C、SWOT 分析的定义。

2. 消费者体验如何导入高科技？如何让消费者在购物过程中能够感觉到购物的快乐感？

3. 什么是跨境点击率？转化率对于卖方来说重要吗？

第二章　大数据概念应用于跨境互联网营销

案例导读

诚品官宣撤离深圳，忠粉打卡作别：“终究是错付了！”

日前，诚品生活与华润万象天地双双发布公告，传闻已久的“诚品生活退出深圳”消息落地。正如外界所猜测，诚品生活深圳门店（下称“诚品深圳”）将在2020年12月31日停止经营，场地将全数返还给华润置地，主要原因是“来自疫情的冲击”。

在接受《证券日报》记者采访时，诚品生活方面表示：“疫情的冲击对所有人都是全新的考验。关闭深圳门店是一个不得已的决定，期待能够互相体谅。我们作为员工也感到很遗憾。”

同时，诚品生活方面进一步向记者说道，诚品生活目前仍在大陆市场调研，也有持续接到其他各大城市的入驻邀约：“未来如果因缘具足，也希望早日与大陆读者朋友再次相遇。”

顾客开始告别“打卡”

7月3日，诚品生活发布公告称，突如其来的疫情对其短中期稳健经营的基础形成了无法减轻的冲击，促使深圳门店必须改变营运计划和脚步，以健全公司的整体经营。经多方探讨与审慎评估后，诚品深圳决定在年底终止经营。

“我们尊重这个不得已的决定，也无比理解这样抉择背后双方团队的不舍。”华润置地旗下万象天地在同日发布公告时表示，“未来在诚品深圳所在区域，万象天地将进行品牌与业态的迭代升级及全新探索。”

之前，也有消息称计划关闭的是诚品深圳的百货部分，诚品书店可能由华润置地接手经营；但如今，双方公告中均未明确提到书店的去留。《证券日报》记者曾就此向诚品生活方面求证，其表示不予置评。

在撤店消息公开后，最感到不舍的无疑是诚品的忠实顾客们。7月7日下午，《证券日报》记者来到诚品深圳，发现相比于一般工作日，官宣撤店消息后的诚品店内明显人流量增多。除了诚品书店的阅读区座位已经坐满，诚品生活内的其他楼层也均有或随逛随拍、或结伴出行的顾客；而在万象天地吉祥物“抱抱象”的长廊上，还有不少人正与诚品生活的招牌合影留念。

在店内，《证券日报》记者也随机采访了几位顾客关于诚品关店的感受，均得到了对书店深感“可惜、遗憾”的回复。一位内驻商户的店员向《证券日报》记者表示，在官方宣布撤店消息后的周末（7月4日、5日），诚品深圳的人流量暴增，几乎达到了近几个月来的顶峰：“这几天，也有不少顾客是专程来到诚品，打卡告别。”

《证券日报》记者还在现场看到有神秘人员正手持纸笔，与每家店铺进行谈话并不停抄抄写写。上述店员向记者说道，这些神秘人员自称属于益田集团旗下商场的招商团队，正逐店询问商户搬迁等相关事宜。“但现在留守的都是店员，我们也都在等公司下发关于店址搬迁的通知。”

“诚品模式”艰难前行

公开资料显示，诚品生活的前身为诚品书店，由吴清友在中国台湾创立，后由其接班人吴旻洁主导转型，开创“百货＋书店”的经营模式，即以书店引流，结合以独立文创品牌为主的文化百货业态经营。之后，诚品书店结束了长达十几年的亏损，转型成诚品生活并实现盈利。

但在今年疫情冲击的环境下，“卖书”救不了诚品，“百货”也很难救得起。5月27日的股东大会上，诚品生活董事长吴旻洁就曾直言称，受疫情影响，公司整体经营承压：“诚品计划到6月底关6家店，下半年还会再关1～2家。”

2020年一季度，诚品生活实现营收11.43亿新台币，同比减少11.64％；实现归母净利润713.8万新台币（约合人民币171.6万元），同比下滑90.81％。

在接受《证券日报》记者采访时，浙江财经大学东方学院电子商务专业副教授林立伟认为，疫情冲击是诚品深圳支撑不下去的主要原因。“出于疫情期间的社交距离考虑，多数的消费者会转向线上商店消费；实体商店如若没有及时‘虚实结合’并转型新零售的商业模式，就很难抗住影响。”

但除了经营环境的影响，诚品深圳的撤离也有其自身的经营原因。

据了解，诚品深圳是诚品在大陆的第二家门店，但人气远低于首家门店诚品苏州。公司年报显示，诚品苏州已在2019年实现盈利。曾有消费者向《证券日报》记者表示，诚品深圳开业后名气虽然大，但百货部分的人流量一直低于书店，真正消费的人也不多。

有诚品深圳内的店员向《证券日报》记者表示：“实际上，很多人还是冲着诚品书店的名气来的，诚品生活内的独立文创品牌太小众。”也有消费者向记者表示，诚品书店在深圳算是人气不低的书店，但除书籍外的文创商品溢价过高，很多人是“逛而不买”。

“可能对于快节奏又相对务实的深圳人，给高溢价的独立文创品牌买单的意愿不会特别大，诚品更适合苏杭这类不快不慢的城市。”来自华东的悉小姐（化名）向《证券日报》记者表示。

对此，林立伟就诚品模式向记者分析称，诚品的特色在于向读者提供舒适的环境进行阅读与图书选购，用书店的名气进行引流，加入百货业态并引入独立文创与餐饮等商家创造购物场景，实现盈利。然而，诚品模式未能抵消线下实体商业整体疲软的影响，仅仅做业态创新并不足够。

“此外，近年来即便是在中国台湾也不断有线上书店产生，给线下书店造成影响。因此实体书店亟须转型，担当引流重任的诚品书店尤为如此。”林立伟表示。

（资料来源：证券日报网，http：//www. zqrb. cn/gscy/qiyexinxi/2020－07－10/A1594380444510. html，有修改。）

第一节　大数据精准定位

一、大数据分析与消费者互动

（一）找到消费者群体间隔

大数据可以精准抓到消费者的消费需求，还可以替卖家精准投放适合消费者群体的产品。可以通过如图 2-1 所示的抖音平台精准找到消费者来投放，也可以从区域、性别、年龄、薪水等相关的人口统计变量来设定消费者来投放。消费者在购买的过程中会产生感性或者理性的心理，从消费者看到产品图片后，再到点击下单的动作来分析，可以总结出消费者的感性和理性的购买行为。许多经济学家常常说消费者在购买产品过程中是属于理性的行为，但是又有另外一派的学者说消费者消费是属于不理性的行为；为了解决这样的问题，可以通过大数据来分析消费者的心理因素、购买行为、购买冲动等相关因素。

通过图 2-1 可以看出，抖音的直播后台在区域、广告投放、文案的写作等方面的投放，并且在网站后台来发送与公告，可以进一步找到卖家所需要的适合客群。

从图 2-2 可以看到抖音精准投放广告，包括点击率、转换率等相关概念。转换率对卖家来说是很重要的概念，可以观察每个消费者的点击率持续性，并能够转化成为购买力。

随着近年来高科技的发展，企业从不同渠道能够收集到消费者数据的方式变得越来越多，除了最基本的个人资料、消费明细，到现在消费者的行为数据、习惯、兴趣、爱好等数据，都可以快速一手掌握。

而这些大量且多样性的数据，一旦经过分析，运用在顾客关系管理（CRM）上，将从以往“管理”顾客关系的层次，进一步提升到“服务”顾客的层次。现在许多平台喜欢通过应用与客户互动，包括 Skype、Facebook、Line、微信、QQ 腾讯等相关

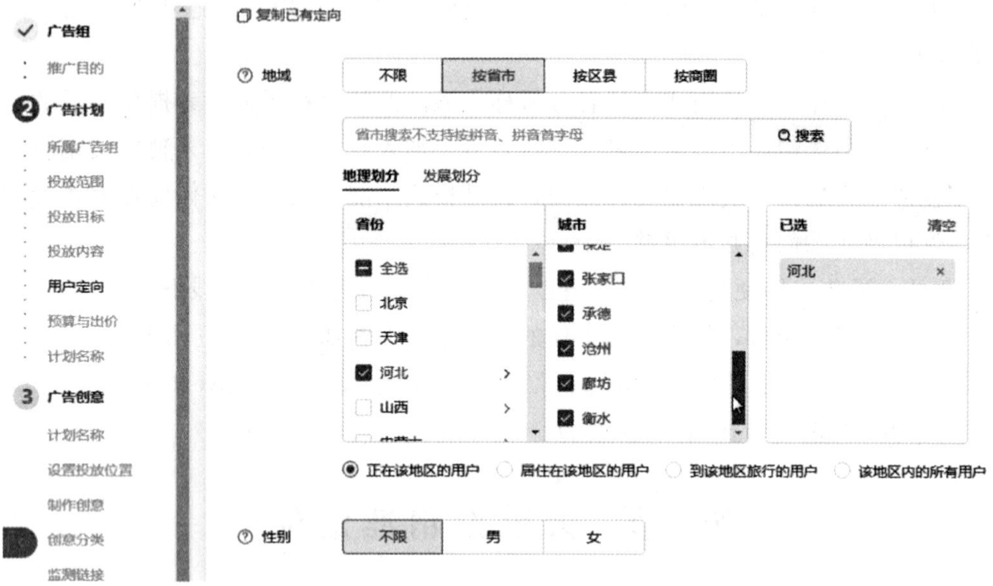

图 2-1　抖音精准投放广告

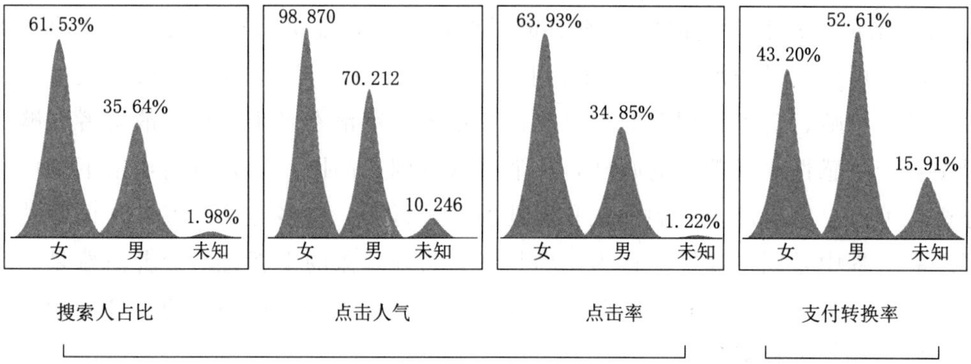

图 2-2　点击率和转换率

的通信软件，跟消费者进行沟通。跨境电商营销模式主要是让买卖双方能够产生互动的关系，互动对于买卖双方有加分的作用。消费者除了在购买的过程中会询问客服，还会有售后服务等需求。

（二）通过大数据来分析消费者的爱好和产品定位

在大数据驱动下，最主要是精准地找到消费者。随着环境的变化，消费者可以选择的产品和商家越来越多，导致许多商家没办法找到适合自己的消费者群体。大数据除了替卖家找到消费者外，还可以精准提供给卖家货源，这些都是通过大数据来分析和应用的。因为在大数据的帮助下，消费者喜好产品程度将变得更加全面和立体，这也促使营销人员能更精准地找出最值得花费心力、投注资源的顾客，并提升他们的使用体验，增加顾客忠诚度。同样的，营销人员若是发现有顾客已然对品牌失去信心，正准备拥抱其他品牌，也能通过大数据抓出问题，努力挽回顾客的心。

二、应用人口统计分析来分析大数据

我们平常做的问卷调查市场分析，是从顾客的年龄、性别、种族、家庭状况、收入、职业方面入手；现在，通过计算机等科技产品，可以知道更多顾客的信息，包含最常逛的网站、最常消费的平台、最常使用的软件，或者经常出没的地点、爱用的APP、最喜欢什么时候刷手机、对什么样的议题最有兴趣等。

将上述数据，结合顾客过往的个人资料，以及消费明细，进行资料的交叉分析比对，营销人员将会更加全面地认识消费者，跳脱过往只有妈妈才爱逛超市、男人才爱买车等的刻板印象，洞察出消费者真正迫切的需求，以便提供最适当的产品和服务。现在许多大数据软件可以分析整体消费者的消费状况，这对于未来观察和分析消费者的行为有很大帮助。可针对以下几点来了解和提升消费者服务。

（一）找出适合经营的消费者

21世纪的营销人员经常遭遇的问题——谁是花钱最多的消费者，以此去判断哪个品牌值得去投入资源，然而有时你会发现，这类型的消费者为品牌花了不少钱，但对品牌的忠诚度却不一定是最高的。

但如今，当品牌掌握了更多关于消费者的信息，营销人员除了参考上述的单一指标，更能以消费者的平均购买量、顾客终身价值、顾客的取得成本、客户保留成本、顾客满意度等指标，找出最适合自己投注资源维系关系的顾客，并针对不同程度的顾客，提供相对应的资源和服务。

（二）提升消费者的使用经验

消费者的使用经验可以从他们的记忆中来做说明。电子口碑传播（EWOM）对于消费者来说有加分的作用。消费者现在会去网络平台上寻找产品相关的信息，包括其他消费者在平台上购买的经验和评价，或者是相关产品在市场上是否属于品牌。

在提升使用者经验之前，品牌必须做的功课，即是将收集来的大数据，通过类似如Hadoop技术进行分析，找出顾客最常谈论的产品或售后服务、软文推广又是什么，或者进一步找出他们当前最需要的品牌建议是什么，还有在所有的顾客当中，谁又是其中的意见领袖。

首先，消费者就是上帝，如何去服务好消费者就是成功的关键因素之一。包括对消费者需要改善的商品或服务进行改善；针对消费者需要的意见给予个别的建议，并且从点击率转换成实际的购买率；并随时掌握意见领袖的动态，在必要时刻，通过对方发挥品牌影响力。

另外，利用大数据分析做出预测，同样可以提升使用者经验。举例来说，平常每半年汽车就得进厂维修的规定，未来在物联网的支持下，每台车可以依据车主的使用状况，提供专属适合的进厂维修时间，这样大大提升了顾客的使用经验。

最后，尽管大数据在客户关系管理上的应用，看似神奇又好用，但必须注意的是，一套真正有价值的客户关系管理，除了要学会收集、处理和储存正确的数据，也要学会使用正确的工具和技术进行分析。

而最重要的一点，则是品牌必须拥有一个专门处理信息和数据的组织，避免大数据处理由 IT 部门领导，因为那仅只是取得数据分析后的一种手段，后续如何进行分析和运用又是另外一门学问。

（三）维持旧有消费者和挽回近乎失去的顾客

当品牌发现营销策略无法创造出预期中的投资报酬率，甚至无法抓住顾客的心时，营销人员也无需丧气，因为这也恰好是一个能让品牌重新认识消费者的机会。

我们该怎么做？营销人员首先必须检视手上握有的数据，并在推测出问题点后，亲自和顾客交谈，倾听他们的心声，最后进行实际的测试；而一旦测试结果出炉，营销人员需要将结果告知顾客，让顾客重新体验，并感受改善后的商品或服务，把握机会挽回顾客的心。图 2－3所示为影响消费者满意度的因素。

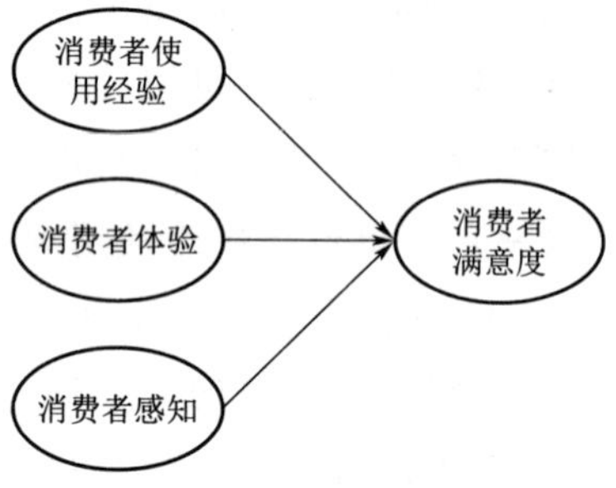

图 2－3　影响消费者满意度的因素

第二节　电商直播大数据分析与消费者互动

一、人货场大数据分析

人货场精准找到客群。人货场对于跨境电商来说是个很重要的概念，许多企业会用大数据来分析。这是在做跨境营销过程中最重要部分，很多人会说跨境电商营销是属于虚拟的状态，所以要精准地抓到消费者，从地区、年龄、性别等方面来分析，因此许多的商家会以虚拟的情境做分析。

在整个消费过程中，如何精确找到消费者是个很重要的问题。从人的部分来看，包括形象气质、专业能力、销售能力、活动策划、团队配合等方面，消费者的需求越来越难以捉摸和多元化。现在的大数据会针对消费者的心理行为进行分析，进一步了解消费者心中喜欢的产品，并且通过服务人员跟消费者进一步互动和沟通。就以电子商务直播平台来说，许多的消费者认可主播，就像李佳琦的直播带货间，消费者相信李佳琦所带的货品质量，最终促使消费者直接下单。李佳琦的直播团队有专业打造的能力和分工，直播产品会有专门的人把关质量、款式、性价比、差异性等。产品的部分可以通过大数据的方式来分析整个消费者市场，人们是否特别喜欢哪类货源和产品，并且有一套机制可以来分析和提供数据给直播平台，进一步创造买卖双方双赢的局面。场景在直播间代表着灯光、设备、图片视频、陈列等相关概念。

电商直播最重要的就是让主播跟消费者建立起良好且长期的伙伴关系。许多卖家常常会对消费者的购买心理很头痛，但是现在已有专门的直播团队来解决这个问题，并且可以结合实际的大数据分析，找到适合自己的客群，针对不同的客群来进行产品推广和服务。

消费者越来越喜欢跟卖家互动，因为这样新的商业模式促使许多卖家开始思考如何跟消费者进一步进行互动和沟通。

二、客户服务数据分析

售前、售中、售后服务在直播过程中属于很关键的成功因素。客户服务数据在卖家端很少被重视、观察和分析，而是要去制定一套市场营销的服务数据分析。客户服务数据对于卖家平台来说是个很重要的因素，包括如何来优化客户的服务和定位客户分层的服务，卖家要如何去优化客户的服务和制订方案，这需要一个团队整合其资源来设计并应用方案。

虽然每一位客人都有不同的需求、喜好以及习惯，但是一家公司是不可能有能力去针对每一位顾客，客制化其讯息、服务以及推广模式等，所以营销团队时常将客户定义成几个不同的群体，并客制化营销活动以更好地与每种不同的客户群互动。

市场区隔为品牌根据不同消费者的年龄、性别、学历、特色以及行为等因素，并归纳不同消费者至不同客户群的策略。而最理想的情况是，被分配到同一个客户群的消费者，会对品牌的互动有相同的反应。

这个信息在现代（数字成熟）市场当中是非常有用的。在大部分消费者皆在线上的市场当中，品牌能够很精准地锁定具备各式各样特点的消费者，倘若团队发现年龄为 25～38 岁，且从事软件业的女性，她们较容易对某种活动感兴趣，团队可以在各大平台上，针对这些客群做推广活动。而如果前面的假设无误，这将会达到效益最大化的效果。

三、市场营销推广大数据分析

（一）大数据投放市场

在讲求数据化的今天，无论是高科技产业还是传统产业，纷纷投入“大数据分析”的领域，希望从一些已知的数据中，抽丝剥茧得出市场未知的讯息。对此，阿瘦皮鞋总经理郭欣怡日前在接受品牌杂志专访时也曾指出，“阿瘦皮鞋成立‘数据中心’的主要目的，乃在‘对于既有顾客的分析以及对于潜在顾客的需求探索’。”由此可见，“大数据分析”对于市场营销来说绝对占有关键性的地位。

以阿瘦皮鞋为例，他们积极地透过客服、实地访问以及在线回馈，找出顾客的多元喜好，然后再去做消费者的分层，以准备多元的产品来应对消费者的需要。所以，今天我们在阿瘦皮鞋的门市，不仅可以买到皮鞋产品，打开“生活志”的内容，可以看到各式各样的产品品项，包括机能袜、丝袜、按摩椅、野餐用具等，这些都可以在门市上架并消费。所以，企业一旦掌握了消费者的喜好，自然就可以推估他们潜在的消费需求会在哪儿出现。

通过大数据的收集与分析，无论是企业制定营销策略还是产品改善方面，都非常重要。再以举美国运通公司为例，他们让持卡人成为美国运通粉丝团粉丝之后，就会依据会员在 Facebook 上的活动做出分析，以了解个别顾客的消费喜好，进而提供最适切的优惠措施，以提升消费者办美国运通卡的比例。

不仅如此，“大数据分析”可以做得更细致，其中包括不同品项的产品与消费日期的连动关系，举例来说，WalMart 就曾经通过账单分析，找出啤酒、纸尿布与星期五销售的关联性，于是 WalMart 就将啤酒与纸尿布放在一起销售，结果真的提升了啤酒的销售量。

数据的真实性和价值性。企业运用大数据制定营销策略，除了要注意容量（volume）、速度（velocity）和多样性（variety）外，同时也要进一步地了解数据的真实性（veracity）和价值性（value）。同样的，商业数据的取得也是如此，如何找到公正独立的机关，能够对于未来的消费趋势以及流行形态，提供正确且有价值的数据，会大大地影响企业是否能够做出最适当的市场营销策略。

（二）市场营销助手

在瞬息万变的商场上，今天能够胜利并不表示明天依然能够保持领先，如果不能提早做准备并正确预估市场趋势，企业很可能就会面临萎缩甚至倒闭的结局。所幸，“大数据分析”工具的出现，让企业在市场营销策略的制定与市场趋势判断上能够更正确、精准，成为每家企业在市场营销上最得力的助手。

随着信息爆炸，再加上 Facebook 和 Google 广告的算法改变，广告费水涨船高，许多企业过去海量投放广告的营销策略已经不管用，让“精准营销”成为 2019 年最新营销趋势。事实上拿到名单并不困难，如同街上做问卷的营销手法一般，最困难的是如何运用名单，找出真正的客群，让营销预算花在刀口上，因此精准营销已然成为各家企业不可忽视的课题。了解精准营销之前，先来了解在精准营销下的 C2B 时代。

（三）精准营销的时代——C2B 逆商业模式

C2B（customer to business）就是以“用户需求为起点的客制化生产与销售模式”。以往的销售模式都是有了商品之后再根据商品的特色进行销售，而 C2B 商业模式转变成“先发现消费者的需求，再开始制造”，这样定制化生产的销售模式其实不是新概念，订制一件衣服也是定制化的一种方式，而 C2B 提倡的定制化概念是：在互联网经济体下，通过对于用户的了解的生产方式。因此企业该如何了解用户做出符合消费者的商品？“精准营销”就是重中之重的营销策略。

深入了解精准营销，取得市场先机。精准营销的定义为通过可量化的精确市场定位技术，突破传统营销定位只能定性的局限。针对市场进行准确区分，找到正确的市场、产品和品牌定位，其实最简单的一句解释就是将用户分类，每一位消费者从将商品列入考虑范畴到做最后决策往往都要经过很复杂的消费历程，再加上必须和顾客建立良好的沟通体系，提供完善的售后服务才能真正打动潜在消费者的心，因此可以发现，现在的营销方式已经不再是传统的投放广告，而是如何针对不同阶段的消费者进行营销或再营销，这就得仰赖各家企业如何操作精准营销策略。

通过以下几点可以了解到跨境电商营销需要具备以下元素。

1. 市场信息采集

(1) 网店活动策划。

(2) 新媒体营销推广。

(3) 制定营销推广方案。

(4) 品牌营销与推广。

2. 营销推广数据分析

我们需要了解客户在决策前都做了些什么，如图 2 - 4 所示。

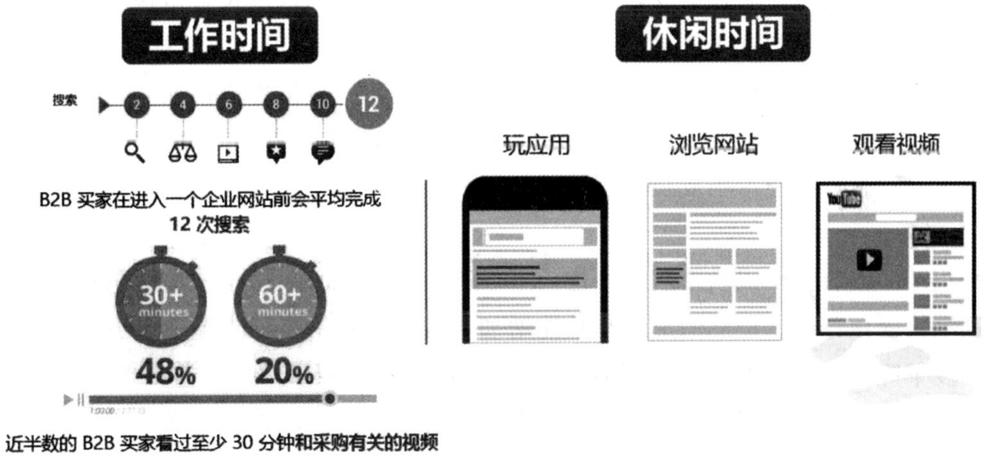

图 2 - 4　客户的工作时间和休闲时间

第三节　产品生命周期

产品生命周期对于每个卖家来说是个很重要的概念。现在产品的生命周期越来越短，从早期的产品可以在市场上存活一到两年，变成现在许多产品在半年的时间就开始成熟了和被淘汰了。

产品生命周期对于消费者来说是个很有趣的话题，怎样去看待消费者对于产品生命周期的看法？早期国内的市场在做跨境电商交易时主要是观察其 B2B，很少去观察其 B2C 这块的市场。我们本节主要通过其消费者的观点来描述与说明。

产品生命周期（product life cycle，PLC），描述的是一项新产品从一开始进入市场到最后离开市场的整个过程。首次提出这一概念的是美国哈佛大学教授雷蒙德·弗农（Raymond Vernon）于 1966 年在《产品周期中的国际投资与国际贸易》文章中提出的。产品生命周期分为导入期、成长期、成熟期、衰退期四个阶段。

回到产品上来看，新产品的诞生得来不易，在产品上市之前还有许多消费者没看到的努力。例如，设想可能来自顾客、员工、通路销售员、竞争者或其他外界人员，接下来通过创新提案筛选，留下有发展潜力的构想，发展成更具体的产品概念，并通过商业分析考虑成本、利润、投资报酬率等，才会进行正式开发、测试、试销到最后的上市。以华为手机为例，华为手机需要面对苹果和小米等多家竞争对手，而所面对的消费者市场需要去思考该如何去打入市场和应用服务？毕竟现在手机产品的功能越来越相似，导致产品的生命周期越来越短暂。

1. 导入期

从试销阶段开始，营销人员便接棒原由研发人员承担的成败重任，产品刚刚引进这个市场中，此时产品种类少，顾客对产品还不了解，销售成长很缓慢，营销人员必须让顾客知道并感觉这个产品。通过特定族群消费者的试用，协助推广、大量促销。该阶段产品生产批量小，制造成本高，广告费用大，产品销售价格偏高，销售量很有限，企业通常不能获利，反而可能亏损。这个阶段的特征为：销售少、生产成本高、利润少、竞争者少、市场成长幅度不明显。

2. 成长期

当产品销售取得成功之后，便进入了成长期。此时产品通过试销效果良好，消费者逐渐接受该产品。产品的形式与功能增加，需求量和销售额也迅速上升。生产成本大幅度下降，利润迅速增长。同时，竞争者发现有利可图，纷纷进入市场参与竞争、争取市场占有率，使同类产品供给量增加，价格随之下降，企业利润增长速度逐步减慢，最后达到生命周期利润的最高点。这个阶段的特征为：销售增长、生产成本减少、利润增长、竞争者增加、市场成长幅度增长。

3. 成熟期

经过成长期之后，市场需求趋于饱和，销售增长速度缓慢并转为下降，生产成本低而产量大。竞争者必须通过差异化或压低价格方式相互掠夺对方市场，导致企业之间不得不加大在产品质量、样式、规格、包装、服务等方面的投入，在成本上形成负担，侵蚀利润。这个阶段的特征为：销售先升后降、生产成本先降后升、利润先升后降、竞争者增加、市场成长幅度趋缓后下降。

4. 衰退期

随着科技的发展以及消费习惯的改变，产品的销售量和利润持续下降，原产品的营销活动也缩减至最低水平。此时市场上已经有其他性能更好、价格更低的替代品出现。成本较高的企业因无利可图而先停止生产，该类产品的生命周期也就逐渐走向尽头，完全退出市场。这个阶段的特征为：销售减少、利润减少、竞争者减少、市场衰退。

产品生命周期是一个很重要的概念，它和企业制定产品策略以及营销策略有直接的关系。首先必须做的是定位产品属于生命周期哪一阶段，一旦定位完成，其对应的因应策略也可初步确定，其中策略包括市场营销策略、产品发展策略、通路策略与定价策略等。

4P 简单地描述了生命周期每个阶段的特征与策略，我们都听过“对的时间做对的事”这句话，在投资上也是一样的道理。如果能够完整了解整个产品生命周期，对于评价公司的股价、本益比的高低都能更为精确。

【本章小结】

1. 通过大数据分析消费者的购买行为。
2. 消费者体验购买行为大数据分析。产品生命周期对于消费者市场的分析。
3. 人货场的概念应用和分析。如何将点击率转换成购买率？
4. 客户服务售前、售中、售后大数据背后的意义。

【本章重要关键词】

人货场大数据分析　产品生命周期　点击率转换　客户服务大数据　营销推广大数据

【本章课后思考】

1. 请说明产品生命周期分析定义，包括导入期、成长期、成熟期、衰退期。
2. 人货场如何应用在消费者的关系上？如何精准地通过大数据来找到消费者？
3. 消费者感知、消费者满意度定义。

第三章　新 零 售 应 用

案例导读

免税新政落地刺激旅游购物潮 海航“随心飞”产品秒光

航空公司“花式自救”又放大招。继前期东航“周末随心飞”产品引发抢购热潮后，海航推出的“海航随心飞欢聚自贸港”产品再次火爆全网。

7月6日，海航“随心飞”产品线上发售，由于抢购火爆，导致海航APP访问量激增，系统一度崩溃。海航当晚发布信息：调整产品的销售方式为淘宝直播。7月7日中午和晚上的两次直播，关注度依旧不减，观看直播人数超过57万人，“随心飞”产品瞬间秒光。据《证券日报》记者测算，在短短两天时间，海航已入账近3000万元。

海航“随心飞”产品火爆的背后是游客对海南旅游购物高涨的热情。7月1日，海南离岛游客免税购物新政落地，每人每年免税额度从此前的3万元一举提升至10万元，让不少游客大呼“给力”。

中信建投证券社会服务行业首席分析师贺燕青在接受《证券日报》记者采访时表示：“6月份发布的《海南自由贸易港建设总体方案》以及离岛免税细则力度非常大，包括免税细则大幅放宽，一定程度上顺应了2018年海南新政以来国家对海南赋予的全新历史使命。海南后续将大幅改善原先产业较单一和营商环境等方面的问题，整体吸引力大幅提升，国际旅游岛和国际消费中心定位更加凸显。”

超过57万人观看直播

官方资料显示，海航的“随心飞”优惠机票产品，首批价格为2699元，第二批价格为2999元，可以在2020年7月20日—12月31日（除9月30日—10月8日）内，无限次搭乘海航集团旗下的12家航司运营的海南进出港（海口、三亚、博鳌）国内航线。同时，还赠送2880元免税店购物代金券。

由于优惠力度较大，因此产品在预热阶段就备受关注。7月6日，“随心飞”首批产品上线，一小时售罄。当晚，海航发布产品销售模式调整公告，改为7月7日11：30—12：30和20：00—21：00，在淘宝直播间销售，每场直播销售4000套。

直播数据显示，两场直播观看人数合计超过57万人，累计点赞人数超118万次。

20：30是直播放票限时抢的时间，当《证券日报》记者20：35进入直播间的时候已无法购买，仅显示“有买家未付款，您还有机会购买”的字样，而当时的成交数量显示“月销已达5507笔”。21：00，随着直播的结束，所有机票也都名花有主，海航旗舰店里已空无一物，店铺的粉丝数已高达6.1万。

浙江财经大学东方学院电子商务专业副教授林立伟在接受《证券日报》记者采访时表示：“海航转战淘宝直播后，预订产品的入口从此前仅能在官网APP下单，增加到淘宝、飞猪等，方便游客购买。产品很快售罄主要是产品定位明确，针对的就是免税新政出台后，前往三亚购物和度假需求的人群，特别是即将到来的暑期出游人群。”

海南或成国内“购物天堂”

7月1日，《关于海南离岛旅客免税购物政策的公告》正式实施，离岛旅客的免税购物额度从每年每人3万元提高至10万元，离岛免税商品品种由38种增至45种，并取消单件商品8000元免税限额规定。同程旅行大数据显示，7月1日当天，三亚机票及当地酒店的搜索量较前一日增长近200%。

“这个来得真是太及时了。我原本就打算暑假带孩子去三亚旅游，同时顺道去免税店购物，当时还担心3万元的额度不够，现在终于可以大胆买买买了。”深圳的于女士对《证券日报》记者说道。

7月5日是海南免税新政后的首个周末，《证券日报》记者微信朋友圈有人发了一张三亚机场免税店提货的照片。从照片来看，提货的顾客排起了长龙。

《证券日报》记者了解到，为减少排队等候时间，提升离岛旅客的购物体验，三亚凤凰国际机场将新增一个免税提货点，提货窗口将由原来的18个增加至38个。新增免税提货点正在施工中，预计将于7月10日前完工并启用。

“新的离岛细则将刺激未来人岛人次、免税消费转化率，客单价均将大幅提升，海南免税消费迎来历史性机会。”贺燕青对《证券日报》记者表示，“海南将成为未来国内旅游及拉动消费回流，促进免税发展的主力渠道。新的起点上，海南区域后续的政策红利或持续，海南的示范效应将更强，整体体验大幅提升，或成为国内的‘购物天堂’。”

（资料来源：证券日报网，http：//www. zqrb. cn/gscy/gongsi/2020－07－09/A1594222587501. html，有修改。）

第一节　新零售直播

一、直播带货新趋势

直播带货从国内市场开始转化到国外市场，许多卖家提到了国外的直播带货与国内最大的差异性在于售后服务。国外的直播带货缺乏的是买卖双方的互动关系，与国内有显著的差异性。新零售网红直播对于未来的跨境电子商务有很大的帮助，2020年因为新冠疫情的影响，网红直播带货在国内突然很受关注，最主要是因为网红直播能够带来不少的话题和效应。

网红直播除了卖家自行开账号，有时为了吸引不同的粉丝会去开通不同的账号。通过这些不同账号可以吸引到不同市场和消费者的人气和流量，这样一连串的过程可以让买卖双方在直播平台直接用文字传达信息。直播带货对于整个电子商务的市场可以创造出新的话题。据淘宝直播数据11月11日晚上11时数据显示，商家自播GMV占比超60%，直播商家覆盖数增长220%，淘宝直播带动就业超400万个，双十一直播累计时长达1660年。从11月1日到11月11日中午12时，淘宝直播诞生了28个成交超1亿元人民币的直播间。

二、直播话语贴近消费者

（一）直播话术的常见类型

1. 欢迎话术

理论上每一个进入直播间的人，主播都要欢迎一下，最基础的抖音直播话术是："欢迎×××进入直播间。"但是这种话术太机械化了，主播们需要做出改变。比如：解读观众的账号名称：欢迎××进入直播间，咦？这名字有意思/很好听，是有什么故事吗？寻找共同话题：欢迎××进来捧场，我最近喜欢上一首歌，不知道你们听过没有？借机传达直播内容：欢迎××进入直播间，今天要给大家介绍的是××的技巧，感兴趣的宝宝记得点个关注哦。

2. 宣传话术

要想让更多的粉丝熟悉了解你，还需要一定的宣传话术。比如，宣传直播时间："非常感谢所有还停留在我直播间的大家，我每天的直播时间是××点—××点风雨不改，没点关注的记得点关注，点了关注的记得每天准时来看哦。"宣传直播内容："我是×××，今天来给大家分享几个美妆的小技巧，学会了你也可以是美妆达人，记得关注我，了解更多简单易上手的美妆技巧。"

3. 互动话术

在直播过程中，通过主播与观众实时互动，让观众感知到切身服务，用户诉求可以较快得到回应；主播也能够很快得知观众的反馈。通常主播可以通过以下直播话术进行互动：

（1）发问式互动话术。

比如："刚刚给大家分享的小技巧大家学会了吗？""你们能听到我的声音吗？""这款口红大家以前用过吗？"等问题。

这类发问式抖音直播话术，答案只能是肯定或者是否定，观众打1个或2个字就能发言了，主播也能快速得到粉丝的答案，不至于在等答复时冷场。

(2) 选择性话术。

“想听《×××》的刷 1，想听《×××》的刷 2。”“换左手这一套衣服的刷 1，右手这一套的刷 2。”

选择性抖音直播话术，就是给观众抛一个选择题，答案 ABCD 都可以，发言成本很低，能够迅速让观众参与到直播互动里。

(3) 节奏型话术。

“觉得主播跳得好看/唱得好听的刷波 666。”“刷波 520 让我感受一下你们的热情。”等话术。

这类型的直播话术就是要观众灌水发言，让新进来的游客看到直播间里很活跃，很好奇为什么那么多人刷 666，主播到底表演了什么？这就是带节奏。

4. 带货话术

合理运用带货类抖音直播话术，可以无形中拉近主播与消费者的距离，彼此之间建立信任感，方便消费者购买决策的确立，拉动产品销售，实现带货变现。

(1) 展示型话术。主播在进行直播带货时，展示产品的质量和使用感受，能够让粉丝最直观地看到效果。产品展现得好，粉丝下单的概率也会更高。

李佳琦在进行口红试色时，对每一只口红的颜色都能进行一个细致的表达，比如“给人很温柔、很春天、很新的感觉的颜色”这样的话术，让人听着就不自觉心动。

(2) 信任型话术。直播带货的缺点就是粉丝触不到产品，只能通过主播的描述来熟悉产品。因此，主播需要让粉丝对产品建立一定的信任感，才能促成粉丝下单。

通常，主播会用“自用款”“我也买了××”来为产品做担保，又或者“××我只推荐这一个品牌，其他品牌给我再多钱也不推”这一类话术来衬托产品，打消观众对产品的顾虑。

(3) 专业型话术。在推荐产品时，主播能够从专业的角度出发，针对一个产品以及同类其他产品做讲解，并指导粉丝根据自己的情况选择产品。

比如服装类带货直播，主播可以通过对某件服装的专业搭配，以及服装质量的专业讲解来吸引粉丝下单购买。

5. 活动话术

低价才是粉丝们追随的主要动力，直播的优惠活动是影响粉丝购买产品的最直接因素。

大打折扣的商品意味着粉丝更加死心塌地地追随，有了粉丝们的信任，销量也能节节攀升。

网红主播经常在直播间中强调“低价”“买×送×”“优惠套餐”“全网最低价”

“我们直播间比免税店还便宜!”等一系列抖音直播话术去刺激粉丝们下单。

6. 催单话术

“怕失去”“怕错过”的优先级，远远高于“这个东西到底对我有多大用”“这个东西到底划算不划算”这类的理性思考。所以，饥饿营销屡试不爽，就是源于这个原因。

催单类抖音直播话术的关键是要调动用户“抢”的心态。比如“抢购”“过时不候”“数量有限”这样的话术，都是在唤醒人大脑中关于安全的本能。

7. 引导话术

一场直播下来，引导粉丝们多关注可以快速提高主播人气。李佳琦直播时，每隔几分钟时间就会重复一次“喜欢佳琦可以多多关注我们的直播间”，通过这样的抖音直播话术，引导观众关注。

薇娅的直播间引导关注的方式更霸道，“来了先分享，再来抽大奖。”只要分享直播间而且关注过的人就能有机会抽到奖哦。

8. 感谢话术

不管是给你送礼物的观众，还是默默观看你直播的观众，每一个陪你直播的人都是真爱。

因此，主播在下播之前，可以用感谢类抖音直播话术来表达对观众的感谢，这不仅能延续粉丝的不舍之情，也是给自己做一个简单的总结。

比如，“感谢你们来观看我的直播，谢谢你们的礼物，陪伴是最长情的告白，你们的爱意我收到了”，这里主播就从真实情况出发，抒发自己真实的感情。

以上就是给大家分享的抖音直播话术，有了这些话术的“攻击”，不仅可以帮助主播吸引大量的粉丝进入他们的直播间，还能帮助主播快速实现流量变现。图 3－1 是用曲线表示的国内电商直播发展历程。图 3－2 是一家杭州跨境电商的直播间。

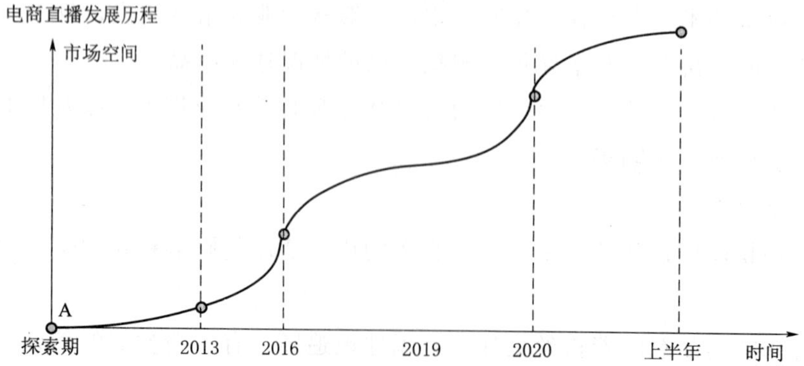

图 3－1 国内电商直播发展历程

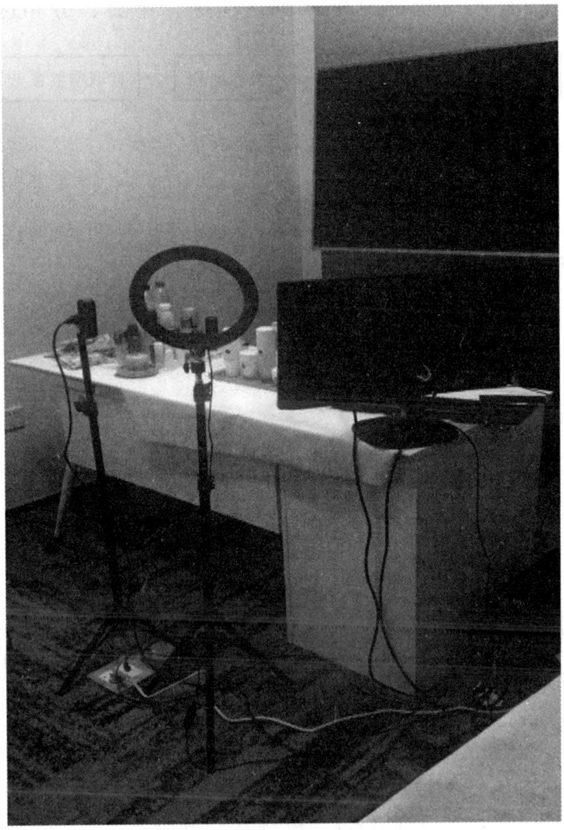

图 3－2　杭州跨境电商直播间

第二节　新零售多媒体营销方式

一、新零售多媒体引流

(一) Feed 流

Feed 流是指饲料流，表示用饲料不断地喂食动物，来满足它们的需求。流量对于一个平台来说是一个很重要的关键成功因素之一，有稳定的流量才可以创造出好的平台。图 3－3 所示为 Feed 流引流步骤。

我们发现抖音、BiliBili 等相关的影音平台，主要与消费者进行影音互动，让消费者去了解卖家的相关的产品。但是现在的消费者越来越喜欢换一种互动的方式来了解卖家，包括有趣的影音视频、小游戏、或者直播互动来吸引流量。图 3－4 所示为视频互动分析图。我们可以把电商直播模式导入、引用在新零售商业模式，新零售的商业模式主要是线上和线下的大结合商业模式。不管从多媒体的营销引流方式，或者是从线下转换人流到线上，这些的模式最终目的在于解决卖家的产品观赏和让更多消费者能够来注视。图 3－5 所示为消费者人口统计分析，包括性别、年龄、分布区域等因素。

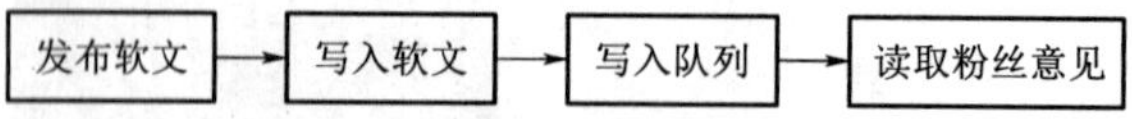

图 3－3　Feed 流引流步骤

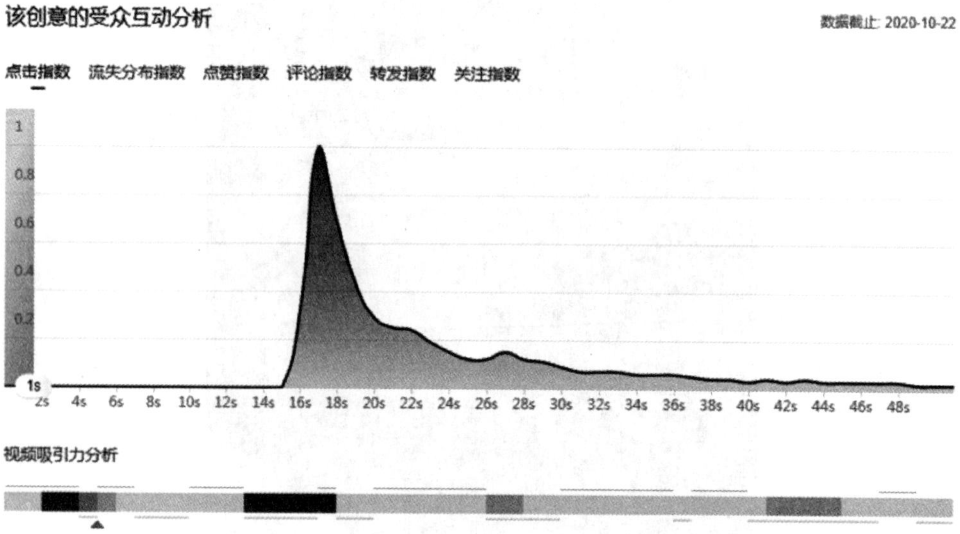

图 3－4　视频互动分析

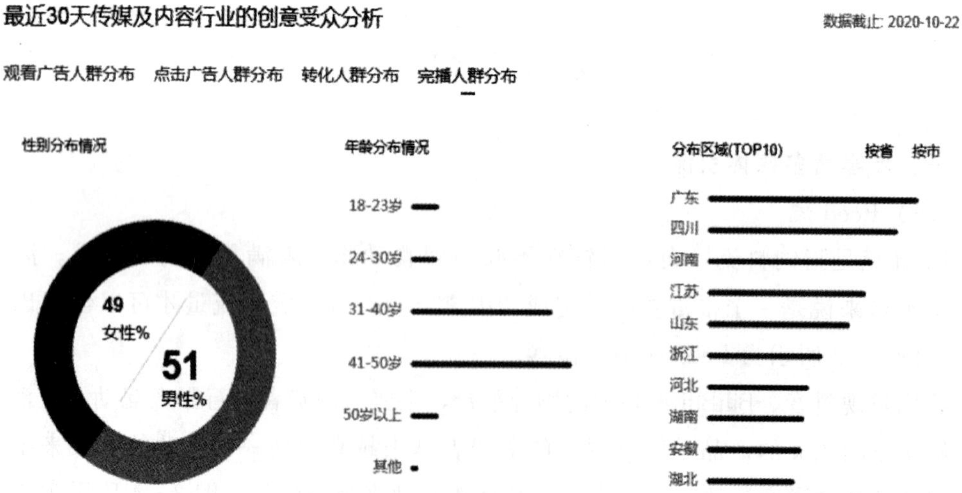

图 3－5　消费者人口统计分析

（二）直播引流

抖音、小红书、天猫等平台的直播引流，已经成为电商平台新的引流方式。相信在未来的几年内，跨境也会开始应用此方式到全世界各地进行直播引流，成为一种新的商业模式。

二、流量转化成购买力

电子商务平台常常提到流量的概念，流量对于新零售在线来说是关键点，有了流量就可以转化为购买率。许多在天猫商城的品牌商会以流量指标来看未来的市场状况。品牌商应该如何结合在线与线下的消费者来获得整个市场的认可呢？网络上的流量对于商家来说是很重要的概念，商店的热潮需要消费者不断进来观看与购买，新零售现在就是通过这样的概念来整合在线与线下流量，最终的目的是要转换成购买力。电商赚钱公式中有以下几个关键名词："营业额""业绩""流量""客单价""转换率"。要注意，缺少任何一个因素都将导致公式不成立。这已经相当精简了，就像一张桌子至少要有 3 根支柱一样，缺少任何一根支柱都将无法得出营业额。因此，每一个因素都值得被慎重对待。流量对于商家来说很重要，有了流量才可以想办法转换成消费者的购买力。

第三节　新零售社群营销推广模式

一、新零售社群营销策略

社群营销（social media marketing）又称社会媒体营销，指企业为了营销的目的，在社群网络服务媒体（如 Instagram、YouTube、Facebook、Twitter 等）上创造特定的信息或内容来吸引消费大众的注意，引起在线民众的讨论，并鼓励读者通过其个人的社会网络去传播这些营销内容，进而提升客户关系与满意度的营销策略。

社群营销需要分阶段循序进行。从成立粉丝团招募粉丝、与粉丝互动，到将粉丝变成顾客，每一个阶段都有不同的营销手法，以及对应的营销目标。

在经营粉丝团的过程中，这三个阶段是循环执行的，但可以先评估一下自己的粉丝团，现阶段需要注重哪一个环节。粉丝团也应该思考，在平台的曝光率下降的情况下，要如何调整经营策略。

在社群媒体上导购必须要有包装形式，才不会因为信息的泛滥造成用户反感（依照产业类别不同，可能有不同情况）。掌握潜在受众轮廓，这一点是社群营销相对重要的一环且同样适用于其他渠道，要做营销，首先必须了解客户到底是谁，他们的年龄、所在地区、兴趣喜好等，才能有办法投放潜在客户有兴趣的内容，使其得到相对效应。

经营粉丝团就是社群营销？这是一个常见困惑，社群营销不是只把粉丝团当成布告栏，更是需要运用各种不同的方式经营内容，让粉丝成为品牌的拥护者。以此目标来做社群营销，才能真正发挥出社群营销的最大效益。社群经营有很多种方式，本书提供3大社群营销策略，让你了解你的品牌需要与哪些潜在消费者沟通，以及要跟他们沟通什么，以促使他们成为你的品牌拥护者。

(1) 社群营销策略一：了解你的消费者，精准沟通。在社群经营中，不同消费者会有不同的兴趣轮廓，所以要驱动的行为也不一样，可以通过社群经营工具来分析消费者轮廓，针对不同受众产生对应的内容。

(2) 社群营销策略二：根据需求跨平台，分众内容。藤村正宏的《SNS社群营销术》一书中提到，只要一群人有共同的兴趣聚集在一起，就会形成一个SNS，而这个SNS就是社群平台。而在众多平台之中，应该选择适合自己品牌的平台，而不是所有平台都设置，这样才能有效达到社群营销的效益。

(3) 社群营销策略三：针对品牌的受众，创造内容。当社群经营一段时间后，或许会遇到隐形的天花板，认为持续产出相同内容已无法发挥更多效益，却不知道该如何升级。根据策略一，了解品牌现有社群的粉丝轮廓后，除了原有内容持续产生外，可以打造全新社群内容，针对大众感兴趣的议题及主要受众喜欢看的议题产生新的内容。

新零售讲究的是在线与线下的互动关系，要让消费者更加了解该产品的品牌或者特色，需要不断地让买卖双方之间产生互动。这个互动不仅仅是单纯地购买产品，还要想办法与消费者交朋友。许多商家会通过小视频或者生活中的点点滴滴来跟消费者互动，有的甚至会建立一个相同爱好的群体，让彼此像家人般相处，这样的互动会增加整个在线平台的流量，并让线下的朋友转为在线的朋友。

二、新零售社群营销的优势

有话题即有流量，许多人和企业看准开箱文所带来的网络声量，也趁势推出各种各样有趣的开箱文，试图与大众拉近距离，提升品牌形象。警局的一条有趣的贴文爆红后，随着关注警局的人数增加，警局的预防宣导和寻找目击者等讯息也能触及更多人，有助于警局的资讯传播。

毕竟，若没有特别事件，谁会特别关注警局的贴文呢？更何况有些企业平时给人以“生硬无聊”的感觉，让人们没有主动了解的欲望。不过，若先通过有趣的话题吸引大众，一旦人流来了，便是“自我营销”的大好机会，毕竟对大众来说，这是可以最快了解产品/服务的方式。

但许多企业对社群营销不是很了解，主要不了解社群营销对于企业来说有什么真正的优势，而只是看到大家都在做，也就跟着做。

对企业来说，社群营销的确是必需的，但为什么一定要做社群营销？社群营销到底能为企业带来什么优势？

社群营销，不只是导购，可能是相关议题探讨，或是利用近期火爆的议题延伸。所以，社群营销和内容营销有着不可分割的关系，社群营销是将内容散布出去，用更新鲜、更专业的方式包装内容，将内容营销的效益最大化。

之前社交的局限主要是流量，那时候流量完全掌握在媒体手中。而网络时代尤其是移动互联网时代的社交产品则解构了媒体的流量能力，也使得传统媒体逐渐衰败。所以之前的时代，人们的重心还是学习、就业乃至结婚，因为这三者的本质都是社交。但现在这些完全被解构了，至少没有那么重要了。如果你在网络上有几十万甚至几百万粉丝，可能就可以放弃工作，自己靠内容来赚钱了。

1. 资讯曝光

不管是长期资讯或短期优惠消息，都能利用社群通道发散出去。

2. CRM 客户关系管理

当产品出了问题，或者客户有任何疑难杂症，客户第一个想到的就是通过社群媒体，反馈给你。在社群媒体上和客户的互动也是非常重要的，是和客户们保持良好关系的通道。

3. 口碑营销引导

也可以说是大众议题操作，在社群操作中，用户可能都是帮助你进行营销的一员，他们在社群媒体上的评价、留言、反馈，利用社群媒体一传十、十传百，就是口碑营销的一环。

4. 建立品牌形象

利用社群媒体发布品牌策略的相关内容，引人入胜，久而久之也就在用户脑海里建立起特定形象。

5. 直接导购

在社群媒体上导购必须要有包装形式，才不会因为讯息的狂轰猛炸造成用户反弹。(依照产业类别不同可能有不同情况。)

6. 掌握潜在受众轮廓

这是社群营销相对重要的一环，在其他通道也是如此，要做营销，首先必须了解客户到底是谁，他们的年龄、地区、兴趣喜好等，才能有办法投放潜在客户感兴趣的内容，使其得到相对效应。

7. 引爆集客力

在以“内容为王”的集客式营销中，社群媒体扮演着非常重要的角色，因为好的内容必须得到足够的曝光，才有办法吸引受众主动进入网站、了解品牌，进而导购。

8. 流量导引

流量对于电商或有自有网站的企业来说非常重要，足够的流量能够提升 SEO 排名，让更多好的内容被看见，因此在社群中置入网站内容，能够达到流量导引的目标。

图 3－6 所示为网站平台广告看板设计。

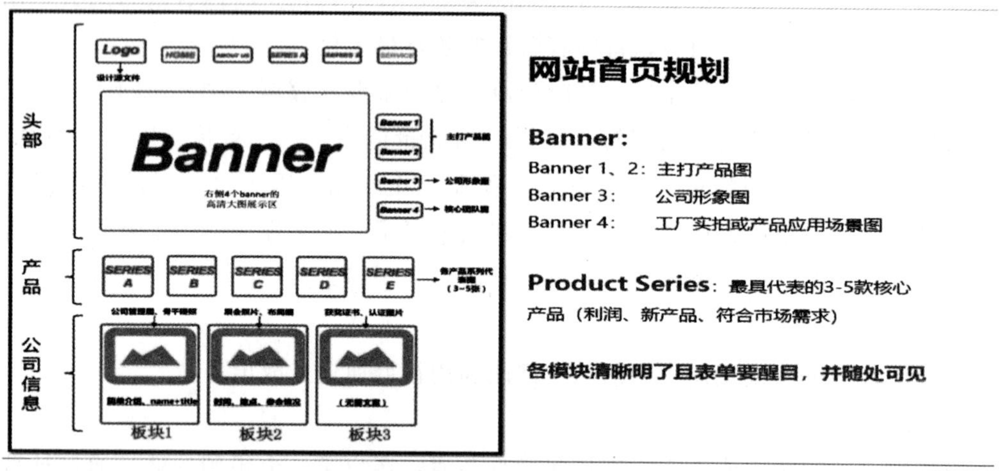

图 3－6 网站平台广告看板设计

第四节 新零售线上与线下营销商业模式

一、新零售效应

2016 年阿里杭州云栖大会上，马云提到“新零售”概念，全世界都为之鼓动，电商从业者紧张了，实体门市也紧张了，但到底新零售是什么呢？

许多人都为新零售提出了不同的解读与诠释，在众所瞩目之下，2017 年 3 月 9 日，阿里研究院终于发表了《新零售研究报告》，将新零售的概念总结为一句话：“以消费者体验为中心的数据驱动的泛零售形态”。

1. O2O：跨线上与线下的消费模式盛行

身为消费者的我们，也能从自身经验中感受到这一波新零售席卷而来的浪潮，现在很多人是在实体店摸摸商品，再回线上买，而在线上浏览过后，回到实体店体验并购买的也大有人在。跨线上与线下两种通路的消费模式越来越盛行，即所谓的 O2O (online to offline)，后续也有延伸意义为 offline to online，统称为 O2O 虚实整合。

2. OMO：整合线上与线下资料，结合会员制度精准营销

随着资讯更新速度加速，OMO 意指 online merge offline，或是 offline merge online，即是无论消费者在线上或线下消费，两者都能同步会员资讯，让消费者体验更为流畅，并能够通对会员制度管理节省企业的营销预算，并且执行更精准的营销策略。因此对于纯线上与纯线下的零售业者来说，尽快转型跟上新零售浪潮，提供完整且优质的体验与消费渠道就是当务之急。

任何企业的背后，都有一套商业模式（business model），是能撑起企业运营的稳

定模式。要了解企业的商业模式乃至于创造新的商业模式，厚厚的商业企划书可能不是一个最好的选择，除了页数庞大之外，无法让人一目了然也是致命的缺点，在这个注重团队沟通合作、资讯爆炸的时代，很需要一个能够快速变化、让人一看就能理解，也易于发挥的框架，于是“商业模式图”（business model canvas）应运而生。

二、商业模式的重要性

“商业模式图”是由《获利世代》（*Business Model Generation*）的作者 Alexander Osterwalder 与其团队所提出，拆解商业模式为九大相互有关联的元素，并以视觉化方式加以呈现，透过这样的框架帮助我们理解商业模式，同时也帮助企业思考自身公司的定位。

对于创业者来说，它能够帮助创业者催生创意、降低猜测，是确保他们找准目标用户、合理解决问题的工具。

（1）目标客层（customer segments，CS）：企业所锁定的目标，欲服务的一个或多个客群。

（2）价值主张（value propositions，VP）：为解决目标客群的问题，所创造的整套产品或服务。

（3）通路（channels，CH）：与目标客群沟通、接触，以传达价值主张的通道。

（4）顾客关系（customer relationships，CR）：与目标客层建立并维持的关系。

（5）收益流（revenue streams，RS）：成功地将价值主张提供给客户后所获得的收入。

（6）关键资源（key resources，KR）：想要提供及传递各项元素所需要的资产。

（7）关键活动（key activities，KA）：要让商业模式运作的必办事项，必须进行的活动。

（8）关键合作伙伴（key partnership，KP）：要让商业模式运作，需要供应商及合作伙伴联络。

（9）成本结构（cost structure，CS）：运作一个商业模式所会发生的所有成本。

【本章小结】

1. 新零售商业模式创造出新的跨境电商营销模式，进一步创造价值和获利方式。

2. 顾客关系管理可以建立起买卖双方的信任关系，并且能够带来整体的跨境营销效应。

3. 口碑传播效应对于整体的跨境电商有极大的帮助。

4. 引流量对于平台来说是很重要的概念，如何引流对于未来是个关键的成功因素。

5. 跨境直播引流对于未来电子商务的市场有重要的影响，该如何去应用和导入成为未来的商业方向。

【本章重要关键词】

直播引流　点击率　转换率　CRM　关键活动　关键资源

【本章课后思考】

1. 请说明 CRM 定义。

2. 何为引流量？如何让消费者能够持续来购买产品？

3. 何为转换率？跨境的商业模式该如何快速提高购买力？

第四章　客户服务沟通

案例导读

内衣行业遭遇寒冬 业绩普降“求变”突围

2020年6月9日，知名内衣品牌维多利亚的秘密英国公司宣布破产，揭开内衣企业经营困局的冰山一角。不久，都市丽人发布盈利警告，预计上半年亏损1.2亿元人民币。

在经历了前几年的高速增长后，国内内衣行业自2018年起，受经济增速、消费增速等回落影响，面临较大压力。作为行业龙头的公司亦无能幸免，包括汇洁股份、安莉芳控股等多家A股和港股上市公司面临关店潮、毛利下降、收入承压和业绩下滑等诸多问题。

在这场寒冬中，内衣企业通过“求变”应对危机：安莉芳控股打出“推陈出新”的旗帜；汇洁股份以“创新”为目标，在拓展丰富品类的同时，拓展渠道；都市丽人则重新定位品牌，产品回到实用、功能和性价比高。

深圳市内衣行业协会常务副会长兼秘书长张峰伟在接受《证券日报》记者采访时表示：“内衣市场的发展一直是处于不断优化的状态，创新型企业如雨后春笋般不断涌现，特别是一些新零售企业，此类品牌层出不穷，瓜分了原有龙头企业的市场份额，导致部分品牌的市场占有率有所下降。但我认为，这并不是一件坏事，行业新兴力量的注入推动内衣品牌的不断升级和创新。当下，内衣企业应该抛弃旧有思维，研究消费者动向，抓住现代消费新趋势，不断升级自身品牌，引领内衣行业市场新发展，这也就需要每个企业从自身的发展特点寻找适合自己的发展思路。”

内衣企业业绩普降

2020年，6月26日，都市丽人发布盈利警告。受疫情影响，集团自营门店及加盟门店所在的主要购物区人流量受到极大的限售，从而对集团的营运表现造成重大的影响。预计截至2020年6月30日，公司拥有人应占亏损将不少于1.2亿元。

都市丽人董事长郑耀南在接受《证券日报》记者采访时表示：“今年一季度，受疫情影响，都市丽人于 2 月至 3 月中旬暂停部分店铺营业。”公司公告显示：“集团及其加盟商于 2 月至 3 月中旬暂时关闭了约 90%门店”“3 月下旬开始，集团及其加盟商得以逐步重开门店营业”。

作为“中国内衣第一股”的都市丽人，2014 年上市时是其高光时刻。公开数据显示，2014 年公司已连续 3 年营收同比增长约 30%以上，净利润增幅也在两位数。2015 年，公司门店数量甚至一度达到 8058 家。不过，都市丽人 2019 年年报显示，其门店数量已由 2018 年的 7305 家减少 1335 家为 5970 家。同时，2019 年实现收入 40.82 亿元，同比下滑 19.9%；净利润亏损 12.98 亿元。

都市丽人并非内衣行业首家经营承压的企业。安莉芳控股自 2018 年起业绩已经两年降，2018 年和 2019 年净利润同比下滑分别达 69.48%和 46.86%。截至 2019 年年底，零售店 1664 个，较 2018 年减少 173 个。拥有曼妮芬、伊维斯、兰卓丽等品牌的汇洁股份，2019 年扣税后净利润下滑 4.08%。2020 年一季度营收和净利润分别下滑 35.57%和 84.66%。

产品+渠道发力转型

国家统计局数据显示，2019 年社会消费品零售总额同比增长 8%，其中限额以上单位服装鞋帽、针纺织品类商品零售额增长 2.9%，远低于上年同期增速 8%及同期社会消费品零售总额增速。特别是今年年初的疫情，更加使得服装零售企业的经营面临挑战，“求变”也成为其应对危机之道。

“经过对行业现状的反复分析和复盘，都市丽人‘二次创业’，通过变革重回‘实用品牌’的定位，自快时尚性感产品转至实用、功能和性价比高，更加注重消费者的舒适感和体验感。”郑耀南对《证券日报》记者表示。据他介绍，都市丽人通过新零售、供应链管理、数字化营销和产品力等多方面转型变革。

推陈出新，以注重消费者体验感的产品获得市场认可，扩大收入是内衣企业产品转型变革的主要路径。汇洁股份表示，“围绕品牌定位，创新产品，拓展丰富品类，扩充男士、运动、背心、功能等品类。”都市丽人 CEO 萧家乐在接受《证券日报》采访时表示：“为了提高库存管理能力以及产品精细化管理，减少无效品类和产品线，都市丽人产品线缩减了 40%，通过打造常青款、爆款，大力发展内衣及居家服品类，回归实用品牌的定位。”

2020 年 7 月 5 日下午，《证券日报》记者来到都市丽人深圳皇庭广场店。这家是在 2018 年开业的都市丽人的旗舰店。记者看到，门店陈列着新款的家居服，部分产品打出了五折的优惠折扣；内衣裤等传统产品被放到了门店内不那么显眼的位置，有几位顾客正在店内挑选产品。店员对记者表示：“从今年 4 月份开始，家居服的款式就多了起来，卖得还可以。”

萧家乐对《证券日报》记者表示："过去几个月，疫情使得消费者很多时候会待在家里，家居服的需求大大提升。我们通过对全国 5500 万会员的大数据挖掘，对家居服未来两到三年的增长空间比较乐观，家居服也是我们下半年增长的驱动器。"

此外，优化渠道布局也是转型中的内衣企业营销战略的重中之重。汇洁股份表示："公司继续开发和精细化运营电商、经销渠道。"旗下曼妮芬品牌连续两年天猫"双十一"成交额突破 1 亿元，蝉联主营内衣类目旗舰店销售冠军。安莉芳控股称："将进一步深化全渠道销售策略的优势，利用新媒体在线上推行推广和宣传。"都市丽人表示："积极拥抱新零售。"据萧家乐透露："今年 5 月份，公司部分主品类电商销售取得双位数增长，'618'活动多平台亦取得双位数增长。"

浙江财经大学东方学院电子商务专业副教授林立伟在接受《证券日报》记者采访时表示："内衣属于传统的纺织产业，传统产业需要打破传统的营销方式，新零售的线上与线下模式结合，可以打破传统消费者只有到实体店面才能购买。受疫情的影响，许多消费者也从线下转到线上。内衣产业可以借此契机，结合电子商务平台，充分运用科学技术，比如 VR 眼镜等，创造购物场景，为消费者在线搭配或者量身定做设计。"

（资料来源：证券日报网，http：//www.zqrb.cn/stock/hangyeyanjiu/2020－07－07/A1594107383796.html，有修改。）

第一节 跨境互联网营销沟通组合模式

跨境互联网营销商业模式要先从产品本身的特色、价值来说明，从跨境电商的产品来说，这些爆款的产品对于卖家来说要把相关的资讯提供给消费者，这样的一个商业模式就需要跟消费者来沟通和说明。许多沟通需要有不同的商业模式来进行。

客户关系管理（CRM）是公司用来在整个客户生命周期中，管理和分析客户交互和数据的实践、策略和技术的结合。目标是改善客户服务关系并帮助客户留住且推动销售增长。CRM 系统在客户与公司之间的不同渠道或联系点上编译客户数据，其中可能包括公司的网站、电话、实时聊天、直接邮件、营销材料和社交网络。CRM 系统还可以为面向客户的员工提供有关客户的个人信息、购买历史、购买偏好和问题的详细信息。

1. CRM 为什么使企业受益

CRM 系统的使用可以通过以下方式使企业受益：

（1）访问过去购买过商品和有过互动历史的客户信息，帮助客户并提供更好，更快的客户服务。

（2）收集和访问客户数据，可以帮助企业通过报告和可视化功能识别有关客户的趋势和见解。

（3）自动化（但有必要）销售漏斗和客户支持任务的自动化。

2. CRM 的组成

在最基本的级别上，CRM 软件将客户信息整合并记录到单个 CRM 数据库中，因此业务用户可以更轻松地访问和管理它。

随着时间的流逝，许多附加功能已添加到 CRM 系统中，以使其更加有用。其中一些功能包括通过电子邮件、电话、社交媒体或其他渠道记录各种客户互动；根据系统功能、自动化工作流程（例如任务、日历和警报），使管理人员能够根据系统内记录的信息来跟踪绩效和生产效率。

（1）营销自动化。具有营销自动化功能的 CRM 工具可以进行自动化、重复性工作，以增强生命周期中不同点的营销力度，以产生潜在客户。例如，它可能会自动发送电子邮件营销内容，目的是将销售线索转变为成熟的客户。

（2）销售队伍自动化。销售人员使用自动化工具可跟踪客户，并自动执营销售周期的某些业务功能，这些功能对于跟踪潜在客户、获取新客户和建立客户忠诚度是必不可少的。

（3）联络中心自动化。旨在减少联络中心座席工作烦琐的工作，联络中心自动化可能包括预先录制的音频，以帮助解决客户问题和传播信息。与座席桌面工具集成的各种软件工具可以处理客户请求，从而缩短通话时间并简化客户服务流程。自动化的联络中心工具，例如聊天机器人，可以改善客户的用户体验。

（4）地理位置技术或基于位置的服务。一些 CRM 系统包括可以根据客户的实际地理位置创建地理营销活动的技术，有时可以与流行的基于位置的 GPS（全球定位系统）应用集成。地理位置技术还可以用作网络或联系人管理工具，以便根据位置查找销售前景。图 4－1、图 4－2 所示为谷歌搜索引擎和谷歌跨境营销推广方式。

图 4－1　谷歌搜索引擎

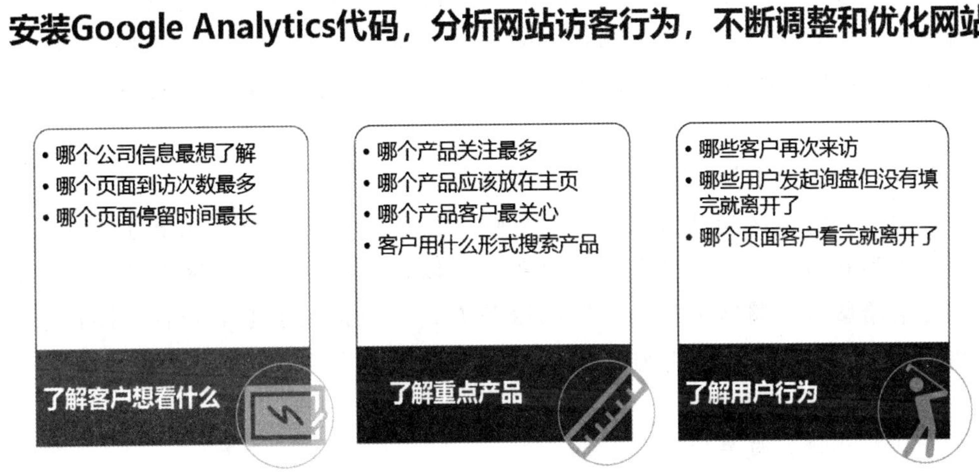

图 4－2　谷歌跨境营销推广方式

第二节　在线客户服务与售后服务

品牌对于产品来说属于一个重要的关键因素，因为品牌可以带来效应。在做品牌的过程中要把客户服务看得很重要。顾客关系管理的维持，对于消费者来说很重要，消费者要如何和卖家来沟通，对于买卖双方来说是关键因素。我们在跨境电商营销过程中可以以抖音的项目来说，抖音的视频会在上面跟粉丝或者消费者来沟通，这样的互动与过程可以表述为：

“做品牌，就是要让消费者对你的品牌产生偏心，不是‘偏好’是‘偏心’。”但让一个人偏心并不简单，这需要将所有的品牌体验连在一起，包括品牌核心精神、产品、服务、形象、售后服务等，还需要长期维持顾客关系才能成功让消费者偏心，并对品牌保持高忠诚度。

哈佛大学学者研究指出，开发一个新客户的成本是保留老顾客成本的 5 倍，看似要维持忠诚顾客关系成本低，且理应不难，但之前参与一品牌的忠诚度计划的消费者调查，才发现品牌光是做到卓越的售后服务环节就不简单，加上新世代消费者对于品牌忠诚度计划的参与意愿低。

根据美国 YouGov 2018 公布的调查结果显示，越年轻的族群，越不想参与，这让品牌要经营“偏心粉丝”变得更加困难，也许留住忠诚顾客成本虽相较低，但想圈粉绝对需要费心经营及专业知识。

我们针对“售后服务”进行专家与消费者的深度访谈，听到许多专家及消费者的意见回馈，有许多收获。这当中有一个重要的发现——消费者对于售后服务的认知不同。在他们的认知中，只要付了钱之后所有品牌体验都属于售后服务的范围，并不单指“销售后”(after sales)，例如饭店 check－in 后的体验，就属于售后服务体验。因此，品牌在营销售后服务时，对消费者必须扩大解释。以下提供 6 个策略观点来思考售后服务。

1. 不用“过度包装”，而是要“换位思考”

由于中国台湾地区受到日式服务的影响，消费者习惯接受日式服务的态度与流程，原以为消费者对于“好的”售后服务就是以日式为标杆，送客人到门口、目送离开、鞠躬哈腰等“将客人视为天”的服务方式。但相较于把消费者“捧在手心”，更重视品牌有解决问题的能力，而能不能“好好”解决问题就是决定满意度的关键。

2. 用人性温暖，包裹理性

全球较具规模的品牌重视标准作业程序（SOP)，确保提供一致性的服务水平。但此次调查发现，中国台湾的消费者认为在严格的流程规范下，反而感觉品牌僵化且冰冷。卓越的售后服务应是“以人为主”，因此建议品牌在思考设计服务流程时，不妨用“感受服务温度”作为目标来设计每一个标准化服务流程。

例如多年前服务令人惊艳的王品集团，在标准化作业规范之下，服务员必须在客人“入座一分钟内，送上冰水和菜单”“点餐后三分钟，就要送上热面包”“水杯的水少于一半时，一分钟内要加水”“生日用餐准备小惊喜”等，每一个小细节都能让顾客感受到你的用心。

3. 要超乎期待，从没有期待的时候下手

很多品牌对于售后服务的目标是“超乎期待”，让顾客变成粉丝，保持良好互动。但在现实中通常顾客不会主动与品牌互动，很多时候是“不得不”，而这些“不得不”的状况，估计顾客的情绪是负面的，例如信用卡账单出现问题、产品坏掉需要维修、产品设计不良要找人抱怨等。这时售后服务必须解决问题，同时平复负面情绪，这已经很难了，同时若想创造“超乎期待”，就是难上加难。

因此，何不选择当顾客没有负面情绪的时候，提供服务才能“超乎期待”呢？KLM Surprise Campaign 就做了这样的示范，荷兰航空发现旅客候机时，通常是最无聊的，一无聊就开始上网发文。荷兰航空派驻了一组服务人员，只要发现旅客的贴文中有类似“我在机场，要坐荷兰航空去某某地方”的宣告或打卡，这组服务人员就会搜寻该名顾客的公开资料，找出他们的兴趣与喜好并赶在登机前带着礼物意外出现，譬如喜欢运动的顾客送运动手表，喜欢听音乐的顾客送无线耳机。

当然这只是一段时期的营销活动，不是长期经营，也不是每一个顾客都可以得到意外礼物，但不可否认，若要创造“超乎期待”的售后服务，这种方法高明许多。

4. 事先准备，预防重于治疗

随着大数据兴起，品牌想提升售后服务，善用会员数据是个好方法。透过分析精准预测，事先提醒避免抱怨产生，或是提早准备，让售后服务可以更加顺畅。

例如，英国的新创公司 Babylon Health 推出的 APP 服务，整合用户的心率、医疗、饮食记录，提前分析与预防疾病的发生，并能线上与医生对谈，如果需要进一步诊断，医院就能事先按照个别需求，提前准备所需的器材与医疗服务；亚马逊的预测式购物，通过会员数据分析，提前将物品送到距离消费者最近的仓储中心，一旦消费者下单，立刻就能将商品送到消费者手中，这些都是通过数据分析来提升品牌的售后服务。

5. 要拉近关系，何不投其所好

售后服务常用各种方式想与顾客拉近关系，增加黏着度，但常常效果不彰，因为顾客与品牌始终保持一定距离，总觉得品牌有促销买卖的嫌疑。就如同第 4 点所述，品牌掌握会员资料，若利用会员的生活型态建立社群聚落（community groaps），不再是品牌与顾客的单向联结，而是顾客彼此间与品牌产生联结，有共同兴趣且用相同的品牌，借以提高向心力与认同感。

例如，美国行李箱品牌 Away，不只卖行李箱以及维修等售后服务，更成立旅行社群聚落，同时推出与旅行相关的线上杂志平台，让喜欢旅游的顾客们互相交流，一起组团旅游。另外 GQ Club、Nike Run Club 也都是利用会员兴趣，由品牌成立社群聚落与顾客产生黏着度的例子。

6. 订阅制增加互动频次与机会

过去认为，低关心度品类，要创造忠诚度相对困难，例如清洁用品、卫生纸等日用品，但现在通过订阅制（subscribe），也能加深低关心度品类与顾客间的互动关系。例如，美国 Dollar Shave Club 让会员每个月付 8 美元，就能得到一个月用量的刮胡组合，价格相较于自己购买刮胡用品还要便宜，而品牌增加了每个月与顾客互动的机会；Blue Apron 在网络上推出由专业主厨设计的多种菜单与食谱，只要加入订阅会员，每个礼拜可以上网预定自己想要的食谱跟菜单，Blue Apron 就会依照菜单上所需的食材新鲜配送到家，当然如果这礼拜不想煮菜，暂停寄送也没问题。

售后服务是品牌与现有顾客之间的连接点，有机会连起下一次的消费线，更可能扩展到专属于品牌的社群网。很多品牌仅将售后服务视为被动等待解决顾客抱怨或是有机会销售其他产品的通道，但何不将售后服务当作一个品牌可以主动出击让顾客提高黏着度的难得机会。因为带有策略性思考的用心经营才能让顾客为你偏心，变成品牌最忠诚的粉丝。

第三节　实时信息沟通

一、针对主题设立不同群组/频道对话

有的公司使用的是 Slack，除了各部门有各自的频道对话以外，根据专案、主题

性质也分别开立了不同的群组/频道对话，例如 just－do－eat 用来分享美食讯息、Sales 用来讨论与 Sales 相关的内容等。

二、一对一讯息

一对一讯息也是常见的基本功能。即时通信软件都有搭配语音及视频功能，可在网络上免费通话，还可以免切换使用其他工具。当人不在公司时，也能与同事通话或进行群组线上会议。如有同事住在加拿大，因此除了用 Slack 传送讯息以外，不用另外开 Skype 就能通话或视频。甚至有时候在外面刚好有事的话，也会直接用 Slack 手机 APP 的语音通话功能。图 4－3 所示为 Skype 通信软件界面。

图 4－3　Skype 通信软件界面

三、快速搜出需要的讯息及档案

1. 历史讯息搜寻

像目前使用的 Slack 可以搜寻全部的对话内容，不管是要找跟某个人传过的讯息，还是以前忘记的内容甚至是传过的文件都可以搜寻到。有需要的话还能进行进阶排序，从特定时间范围内、特定对话频道来搜寻。

2. 随时标记重要讯息

Slack 和 Teams 都可以针对讯息做标记，如果看到同事或是自己传的某则讯息或是档案很重要的话，不妨把它标记下来，下次要找也很方便。

【本章小结】

1. 即时信息的模式，进一步的买卖双方沟通模式。

2. 买卖双方拉近关系创造彼此的价值和需求。

3. CRM 系统可以精准找到自己的客群。

4. 品牌和售后服务对于跨境电商营销是个很重要的成功因素。

5. 重要信息的区分可以替卖家找到自己的定位。

【本章重要关键词】

即时信息　顾客关系管理　精准定位　传播信息

【本章课后思考】

1. 请说明即时信息的定义。

2. 如何精准找到自己的客户？

3. 什么是订阅频道？跨境电商营销如何推广销售？

第五章　APP 在线推广模式

案例导读

“快乐飞”变“糟心兑”南航 APP 崩溃上热搜

8 月 12 日是南方航空“快乐飞”旅行套餐正式开始兑换的日子。为了能够尽快兑换心仪的机票，早在 7 月底就已经购买“快乐飞”的旅客小李熬夜守在手机前。

令他万万没想到的是，当他 8 月 12 日凌晨进入南航 APP 后，却发现页面一直打不开。一度以为是自己网络出现问题，在多次刷新仍无法正常打开后，小李进入“快乐飞”旅客微信群，发现大家和自己遇到了一样的问题。随着大量用户同时登陆，南航 APP 出现崩溃，一直到半小时后才逐渐恢复正常。

由于此前“快乐飞”旅行套餐敞开卖，很多旅客担心的热门机票兑换难的情况还是发生了。热门时间和目的地的机票基本很难抢到。不少旅客转而到南航新浪微博吐槽表示：“快乐飞”变成“糟心兑”。关于南航“快乐飞”的话题，也以超过 2000 万的阅读，被送上了当天的热搜榜。

清晖智库创始人宋清辉在接受《证券日报》记者采访时表示：“南航的这一营销模式属于‘恶性营销’，严重涉嫌侵害消费者的权益，无形之中也抹黑了南航自身的品牌形象。”

半夜抢票抢了个寂寞

继东航、海航等 8 家航空公司之后，南航成为第 9 家推出“快乐飞”同类产品的航空公司。7 月 28 日，南航“快乐飞”旅行套餐开始发售，并于 7 月 30 日售罄。南航方面并没有透露最终的销售结果，但有网友根据订单号推测，套餐销售超过 30 万套。

由于南航仅承诺“每天提供兑换的机票不超过 2 万张”，引发了旅客“套餐好买，机票难兑”的担忧。而在正式兑票前，南航曾对旅客进行过一次“对哪个旅游地感兴趣”的调查，也被旅客认为是为后期机票的调配做铺垫。

8 月 12 日凌晨，南航“快乐飞”旅行套餐正式开始兑换。由于大量旅客同一时间登录，导致南航 APP 瞬间崩溃。在“快乐飞”旅客微信群里，大家纷纷截屏各自遇到的状况。《证券日报》记者看到，有的显示网页无法打开；有的则是页面卡顿，长时间停滞；还有旅客一直被要求重新添加乘机人，但均无法进行到订票的环节。

“快乐飞根本不快乐。买票的时候一肚子气，换票的时候又是一肚子气。”有旅客对此抱怨道。《证券日报》记者所在的 300 多人的微信群，一直到凌晨 1 点以后，才开始有旅客兑票成功。有旅客已经表示：“搞不定了，睡一觉起来再看。”还有一些旅客则直截了当地称：“不刷了，退票了！”

《证券日报》记者从旅客兑票的结果来看，新疆、西藏、内蒙古等地的机票十分抢手，兑换到的概率极低，特别是覆盖国庆的机票，更是一票难求。不过也有兑换到心仪机票的幸运儿，成功抢到月底重庆至拉萨往返机票的余先生兴奋地表示：“月底就出发，接下来就是约伴儿了。”

南航的这番操作，引发了旅客的不满，新浪微博上大量旅客集中吐槽，南航“快乐飞”的话题也由于太过于火热，被推上了热搜。有网友无奈地写道：“半夜抢票，抢了个寂寞。”

从 8 月 12 日南方航空根据成功兑票的情况发布的前十名热门目的地来看，广州、深圳、北京、成都、重庆和三亚排在前列。

上半年经营受疫情影响

相关资料显示，南方航空作为机队规模居亚洲第一、世界第三的航空公司，2019 年飞机达到 862 架，旅客运输量为 1.52 亿人次。

受疫情影响，航空需求锐减，今年一季度，南方航空实现营业收入 211.41 亿元，同比下降 13.82%，实现归属于上市公司股东的净利润为－52.62 亿元。鉴于疫情发展的不确定性及对民航运输业的严重影响，南航预计 2020 年上半年的经营业绩将受到较大不利影响。

中国民航局发布的数据显示，今年二季度，民航业整体亏损 342.5 亿元，整个上半年的亏损额达到 740.7 亿元。在航空市场需求尚未完全复苏的背景下，各大航空公司通过各种“快乐飞”产品展开花式自救。

浙江财经大学东方学院电子商务专业副教授林立伟在接受《证券日报》记者采访时表示：“各大航空公司的产品在一定程度上激发了旅客的消费需求，同时也盘活了航空公司现金流。但在实际兑换机票过程中出现的问题，影响了消费者的体验。只有消费者线上购买便捷，线下搭机方便，营造出这样一个良好的管理系统和模式，才可以建立起买卖双方的伙伴关系。”

（资料来源：证券日报网，http：//www. zqrb. cn/gscy/gongsi/2020－08－12/A1597246603464. html，有修改。）

第一节　APP 在线推广与抢订

一、APP 推广模式

2020 年以来，随着智能移动终端设备的普及，移动互联网迅速发展，手机 APP 应用数量呈现爆发式的增长，全球几乎每日都会有数百个 APP 上线，虽然目前 APP 数量庞大，但实际成功率却不足 1%。那么，如何从众多的 APP 中脱颖而出，并进行有效的 APP 营销推广呢？

有效的 APP 营销推广渠道有哪些？可通过以下的 APP 营销推广内容总结出整个的营销推广方式和方案。

1. APP 线下预装

APP 线下预装是 APP 软件推广最快且最有效的方法，一次可以预装几百万甚至上千万的量，有了这样的基础量，再做在线推广是比较有底气的，而且用户的转化率和留存率都会比较高。但是这种方式的成本太高，而且比较难获得手机商的预装资格。

2. 应用商店推广

应用商店是所有 APP 的栖息地，几乎所有 APP 都需要利用应用商店来引导用户下载。所以如果想让 APP 的推广效果好，就要发布到更多应用商店，包括手机硬件开发商商店、网络运营商、独立商店、应用商店、PC 下载站等进行大范围覆盖。

3. APP 的微博推广

即使各类型聊天工具不断诞生，微博依然是拥有数亿用户的火热公开平台。通过微博进行内容营销，可以近距离与海量用户沟通，通过互动来增加用户的黏性，互动良好即可以带来相当大的效益。多留意微博上的 KOL、话题制造者、评测网站等账号，尽量与他们保持联系，会使 APP 更受欢迎。

4. APP 的论坛快速推广

论坛推广可算是 APP 推广中最经济实惠的方式，只要结合 APP 产品寻找潜在用户所在的论坛，就能引起用户的好奇心，从而获得大量的 APP 下载量。

5. 品牌广告推广有效方式

品牌广告推广包括搜索引擎推广、广告联盟、户外广告、报纸电视媒体，以及流量较大的门户网站。品牌推广有时要花 5～10 年的时间，就会在潜移默化中形成品牌效应。虽然这种推广方式效果显著，但推广成本却比其他推广方式的成本要高不少。

6. APP 的电子口碑传播推广

电子口碑传播推广（EWOM）是 APP 推广的选择之一，也是最省钱的方法。只要发动你的朋友在不同社群平台转发，或者找些行业知名人士帮忙转发，只要有足够多的资源和人脉，口碑推广就能带来一批高质量的种子用户。

7. APP 的视频吸引粉丝和流量

视频比文字和图片更能展现 APP 优势，且更容易让消费者和用户记住品牌。另外，搜索引擎对视频的抓取率会比普通的文字性内容要高。部分搜索引擎，其视频的关键词排名往往会比非视频关键词要高，这样就能给 APP 带来意想不到的流量。有了流量就可以创造其转化成购买力和产品利润。

8. APP 的刷流量推广

包括淘宝和天猫，很多商店会希望粉丝来刷流量。通过刷下载量和评论量，在应用市场增加曝光度，如果 APP 能排在靠前的位置，就能快速获得用户的关注，而且还能获得大量真实的数据。但要注意，刷榜的推广成本还是比较高的，而且如果产品本身的质量不过关也会很快掉下来的。

上述就是 APP 推广渠道中最常见的 8 种方法，当然还有更多的推广渠道可以去开发。结合 APP 自身的实际情况，选择合适的推广渠道，就能为 APP 构建品牌影响力和信誉度。品牌的建立对于产品来说具有一定的效应，可以通过消费者和用户互相传播来建立起品牌的能见度，品牌的建立可以让消费者认识此产品的功能。

随着 APP 产业不断发展，开发 APP 只是完成了第一步，之后还需要对 APP 进行营运推广，这个过程需要经过拉新、留存、促活、营收四个环节。

APP 就好比一个不断包装和投入的“明星”，需要不断制造“话题”来吸引用户，通过一次次的优化升级和一连串的推广活动来支撑，否则一款 APP 很快就会被市场淘汰。因此，APP 开发后，如何去营运推广，变得尤为重要。

二、APP 营运推广

APP 营运推广主要包括对 APP 流量的监控分析、目标用户行为研究、APP 日常更新及内容编辑、网络营销策划及推广等内容。

APP 营运推广可以理解为：扩大 APP 的用户数量—留住用户—对 APP 流量进行统计分析—提高用户的活跃度—实现营收，简单来说就是拉新—留存—促活—营收。

1. 拉新用户群

拉新是指拉来新用户，最直接的就是新增用户数。用户是 APP 生命的源泉，是 APP 价值的共同创造者，有了新用户才能给 APP 带来新的价值。

常见的拉新方法如下：

（1）各大应用商店推广：APP 在应用商店上架是推广的第一步，也是 APP 初期获得用户的主要来源，各大应用商店都有免费的首发资源位。

（2）建立百科：百科权重高，在 APP 刚出来时，网上关于 APP 的介绍一片空白，建立百科可以让用户快速去了解 APP。

（3）新媒体营运：通过在新媒体的营运推广，来吸引用户并引导用户下载 APP。

我国常用的新媒体平台有微信、微博、今日头条等。

(4) 地推推广：在人流量多的地方进行地推推广，比如发传单、贴广告等。

(5) 寻找平台推荐：在新的 APP 发布的时候，可以去争取在各个应用商店中的首发资源，如像新品推荐、豌豆荚的设计奖等曝光机会。

(6) SEO/ASO：通过优化让用户搜索关键词时，APP 能够排到靠前的位置。

(7) 换量互推：可以在其他 APP 应用中投放广告进行换量互推。

(8) 活动营销：通过策划营运推广活动来拉用户，这是一个比较简单直接的方法，通过有趣的活动内容、参与方式等让用户了解 APP，激励用户去下载注册 APP。

2. 留存

留存反映的实际上是一种转化率，即由初期的不稳定用户转化为稳定用户、活跃用户、忠诚用户的过程，随着用户不断增长，这个阶段主要的任务是维护用户、减少用户的流失、提高用户的留存率。

(1) 留存率：用户留存率指的是在某一段时间内，新增用户在不同时期内打开 APP 的情况。从用户的留存率可以看出 APP 对用户的吸引力。统计留存率需要长期坚持，在推广 APP 时，需要特别注意一下隔日留存、3 日留存、7 日留存、14 日留存、30 日留存等数据。这些数据可以反映不同时期用户流失的情况，通过分析这些数据能够快速找到用户流失的原因。

(2) 次日留存：因为都是新用户，所以用户的流失情况会比较严重，这就需要结合 APP 的新手引导设计和新用户的来源通道来分析用户的流失原因。

(3) 周留存：经过一个星期的时间，用户通常已经体验过一个完整的 APP 操作流程，如果用户能够在经过一个星期的时间还留下来，就有很大的可能性会成为 APP 的忠实用户，如果用户流失严重，可以从 APP 自身的功能去寻找问题。

(4) 月留存：这个阶段是最能体现 APP 用户留存情况的，经过一个月的时间，这个时候留下来的用户一般都是忠实用户，并对 APP 产生了一定的依赖度。

3. APP 用户的留存

(1) 管道筛选，提高管道转化质量。用户质量是提高用户留存的重要环节，新用户在刚开始使用 APP 的这段时间是用户流失比较严重的时间段，因此在运营推广方面应该做好用户质量的把控，做好管道的筛选。

(2) 打好 APP 品牌的认知度。别人为什么会使用 APP？除了各种各样的推广外，无非就是通过朋友的推荐、应用市场的评价高等原因；而后两者就是因为对 APP 的认知度比较高，因此打好品牌基础，维护好品牌的形象，提高品牌的认知度非常重要。

(3) 做好 APP 新用户的引导。做好新用户的使用引导，尤其是关于游戏、购物、金融、理财等类的 APP，新用户刚开始使用 APP 时，对 APP 内的特定操作基本处于零认知，这就需要 APP 的新用户的引导功能去帮助新用户更好体验 APP。

（4）优化 APP 的性能。虽然现在的手机性能在不断提高，但是 APP 依旧需要做好性能的优化，避免出现 APP 闪退、占储存空间、运行慢等问题，目前市场上 APP 产品同质化问题相当严重，用户的可替代选择相对较多，优化 APP 体验以及产品性能，这在一定程度上能更好地留住用户。

4. 促进 APP 活跃度

促活是指促进 APP 用户的活跃度，即活跃用户数，活跃用户数一般区分为日活、周活、月活。与用户建立了一个稳定的关系后，就需要提高用户的活跃度了，只有活跃的用户才能对 APP 产生价值。

APP 用户的活跃度低，一定是有原因的，有可能是 APP 体验差，也有可能是 APP 存在着问题等，总之要通过科学的数据分析找到原因，及时解决隐患，提高用户的活跃度。

活动是提高用户活跃度的一种比较好的方式，不管是在线还是线下。活动的内容形式尽量多样化，可以根据一些重要的节日或相关热点进行活动的策划。平时也可以通过日常性的活动来提高用户的活跃度，比如签到、登录后获取积分等方式。

5. 营收成长

APP 在累积了一批忠诚用户，进入正常营运轨迹后，用户流量和商业价值就可以实现转化，APP 自然能开始营收和变现。

（1）在 APP 用户量大、用户活跃度较高的情况下，可以通过引进各种广告来收取费用。

（2）提供增值功能服务，只要 APP 能让用户产生黏着度，用户自然而然会进化出消费需求，购买相应的增值产品。比如在 APP 内设置会员或月卡等制度，只要用户对 APP 产生了依赖，想要获得或者享受更多的服务，就会自觉转化为付费用户。

（3）通过积分商店进行电商转化，实现变现。

（4）用户的数据也是有价值的。

第二节 APP 精准定位

一、精准营销

（一）为什么要精准营销

在传统的营销思维中，想要找到目标客群，通常需要通过大量的广告投放，扩大广告范围来增加转换率，但随着广告花费提高及算法的改变，营销成本水涨船高，传统营销手法的效益越来越低，已经无法应付数字营销的市场。而通过精准营销，在拟定营销策略时可以先通过目标客群的分析，依据客群喜好、习惯等数据，设计产品及营销策略，降低营销的预算，提升广告效益。

以集客式营销手法为例，企业站在消费者角度提供有价值的内容，当消费者通过主动搜寻进到网站后，企业就能获得潜在客户的名单，再针对这份名单投入营销预算，创造稳定的营收自然成长，建立品牌长期竞争力。图 5 - 1 所示为跨境电商营销的投放市场。

图 5 - 1　跨境电商营销的投放市场

（二）精准营销怎么做

精准营销策略有如下三个步骤。

1. 掌握精准营销名单

执行精准营销首先要掌握目标客群的名单，通过网站的浏览名单或关键词分析，锁定可能的潜在客户，将客群细分为不同的族群，分类的标准可以是年龄、地区、职业等因素，根据不同的族群规划营销企划及预算。

2. 规划精准营销策略

依据客群不同拟定不同的营销策略，以电商网站为例，针对曾经访问过网站却没有消费的客户，必须先了解客户拜访网站时执行了哪些操作，分析客户没有购买的原因，针对痛点规划营销策略，排除客户对品牌或产品的疑虑，增加达成转换的机会。

3. 适时调整营销策略

实际执行之后，可以更进一步搜集客户的资料，建立更完整的数据库，并通过数据分析深入了解消费者行为，适时调整营销策略及思维，将营销资源花在刀尖上。

二、精准营销分析

我们常常会问，精准营销真的那样准确吗？答案是肯定的。国内的实体店面——天猫小店和京东小店，都有一套属于自己的数据库，可以分析一公里内的消费者的购物习惯。电商网站的精准营销是分析消费者可能喜欢的商品。在浏览电商网站时，经常会看到“你可能也会喜欢”的商品推荐区块，这个区块的商品呈现就是通过数据分析所执行的精准营销，分析消费者在网站中浏览过的商品类型、消费者年龄、性别及职业等信息，推荐合适的商品，在消费者做出消费决策的过程中推消费者一把，进而促成转换。

三、绑定 APP 精准掌握消费者习性

绑定 APP 是实体店面搜集用户数据的好方法，通过消费集点或是优惠活动等方

式，鼓励消费者使用 APP 进行消费，借此建立消费纪录的完整数据库，就能分析消费者的喜好，拟定合适的营销策略。以麦当劳报报 APP 为例，可以依据消费的用餐偏好推荐相关的餐点优惠，或是根据消费者所在地的天气、喜好的活动等信息与消费者互动，提升消费者的黏着度。现在的卖家很想要去了解消费者的认知、感知等心理因素，这也是为何我们要通过人口统计分析来了解消费者的需求和想法。图 5－2 所示为用户精准营销投放（人口统计分析）。

图 5－2　用户精准营销投放（人口统计分析）

四、集中数据营销

集中数据营销可精准规划营销策略，提升营销收益。集中数据营销成立以来服务上百家来自不同产业、不同国家的企业客户，熟悉网络营销的生态，以数据分析为本深入分析消费者心理，精准找出潜在用户，策划精准的营销策略，告别传统营销漫无目的的大海捞针。根据不同的产业及客户需求，量身打造最合适的精准营销方案。

随着行动互联网快速发展，连接的软硬件相继升级，民众已经习惯用手机做所有事情，行动互联网已经渗透到我们生活中的各方面，包括衣食住行。

那身为行动互联网产业中的一员，特别是 APP 营运推播的企业，该如何从海量的行动使用者中，精准地获取使用者呢？

身处行动互联网的时代背景下，想做 APP 推播就应该站在不一样的高度纵观全局，不能只为了推播而投放广告，应该深思的问题是，该如何营运？如何经营忠诚会员？

五、不同软件系统投放方式

在选择曝光通道的时候，如何利用最低的成本找到精准消费者，取得高流量？

(一)如何选择有效的通道

APP推播通道主要分为付费和免费合作两种方式。

流量为王的时代,免费推播基本上已经失去了它原本的意义。然而,在行动互联网的产业中,时间其实比钱更重要,免费通道虽然不花钱,但是花时间,时间和人力换算为成本,相对更高。

免费推播通道就不一一举例说明,主要来讲付费推播通道。

现在市场上主流的APP,从开发环境和操作系统区分,主要分为三种类型,分别是iOS版本、Android版本和WP8系统。

针对各个不同系统,在选择通道时,也应将系统列为考虑因素,免得浪费钱买流量,甚至影响分析各通道推播成效时出现偏误。目前可供选择的APP推播通道如下。

1. 应用市场下载管道(着重在Android,因为iOS通道相对单一)

根据艾瑞咨询的统计数据分析显示,目前Android应用程序每日平均下载量约为1.3亿,这是由于应用程序市场和PC端各大软件以及载点开放较早,已经培养用户的下载习惯,所以针对于APP,各软件下载平台已成为首选的应用载点。

一般情况,使用者第一次下载,都是来自推荐以及曝光搜寻。

部分营销人员研究某些市场的排名规则,优化关键词、评论、星级和下载量等,技巧更优异的营销人员则直接利用大量热门APP名称,让用户在搜寻关键词的时候,不仅找到这些热门APP,也能让自己的APP在搜寻结果时排序靠前,优化排行榜排名(刷榜),提升曝光度。

为满足营销人员对于热门的第三方应用市场通道的营销需求,有代理公司提供这种专业的推广服务,当然自己也能做,但耗时耗力。

(1)费用成本:若按CPC(Cost Per Click)计算为0.5～1.5元不等;若按CPD(Cost Per Download)大概为2～5元。至于CPT,根据位置不同,从几千到几万元一天不等,不过一般不推荐CPT这种方式。

(2)通路优势:使用者质量相对高,量大,可快速获取使用者。

(3)通路劣势:留存转换低,精准营销应用困难。因为市场多达200家以上,主流市场有十几家,难以选择单一可靠的厂商,制式化合作虽然可降价,但是维护成本高。

2. 广告联播网以及wap流量通道

广告联播网是很常见的一种推播方式。很多人对这种通道提出质疑,如难以把控真假效果、量太小、占用资源太多,但是,如果把研究如何做ASO(App store optimization)的精力放到研究这种小通道身上,也会开辟一个新通道出来。

通路营销就是曝光,想尽一切办法把自己的产品展示在用户面前,那么最好的曝光有哪些?

影音营销最直观，其次是图片加文字，用到最多的就是图片加文字，根据自己的产品不同选择投放的广告联播网、投放的网站以及位置，配合相应的文字图片内容，不断试错优化。试错两三个通路、效果以及量级稳定后，可以选择10家左右一起投放。

在选择类似这种小通路时，注意多找几家，一般可靠的优质通路可以提出自己的需求（量级、留存、活跃度、约定结算日期等）。

权限比较自由，这种途径其实也是缺一手产品。我们就像一个中介，把有流量的网站集聚在一起，再去找产品。

（1）费用成本：按 CPC 为 0.3～0.8 元，CPS 激活成本为 1.5～3 元。

（2）通路优势：流量成长快，成本比较低廉，想取得流量的人比较喜欢这种通路，通常习惯合作后付款。

（3）通路劣势：存在作弊行为，媒体维护成本高，用户质量一般。沟通监控成本高，这种方式需要监控订单来保证用户质量，操作比较复杂。

3. 社群营销通道

除了以上提到的传统通路，近几年来利用微博、微信、社群、新闻媒体等社群营销通道推广 APP 也成为热门的选择。

通路流量确实很可观，而且初期做这种通道的许多产品夸张地说真是“一夜暴富”，因为大量产品用户基本上都在这些通路聚集，任何产品，不管需要多么精准的使用者，都隐藏在这些通路里。说到此，那么该如何有效利用社群媒体通道？该如何规避一些问题？

由此，社群通道面临一个最常见的问题，就是无法衡量在口碑传播中产生的真正下载量。

另外，口碑营销的传播其实与产品本身有密切效果。产品是否真正有价值，能够刺激用户去使用也是很重要的一部分。其价值在于放大产品某一方面的优点，或者包装一个噱头，需要产品和营运团队精心策划，有步骤、有节奏地进行营销沟通，才能收到良好效果。

（1）通路类别：腾讯派（广点通、智慧推）、百度派（百度贴吧、百度百通、百度直通车）、新浪（粉丝通、扶翼、九宫格）、今日头条、信息流、陌陌信息流、网易、搜狐等。

（2）费用成本：每个通路营销方式是不同的，竞价模式、按曝光展示点击下载等都有，单一下载的成本幅度在 3～15 元。

（3）通路优势：精准获取特定使用者，使用者质量比较高，品牌曝光比较好，效果可控。

（4）通路劣势：无法全面有效的统计后台分析成本，若只针对于当天的数据来判断成本的话，易有偏差，以至于无法判别这种通路到底有什么样的效果。

4. 厂商预载以及刷机

对很多有实力的大公司来说，这是个不错的选择。

（1）费用成本：按照预载量付费价格为 0.5～1 元，CPA（Cost Per Action）按照激活付费为 1.5～4 元。

（2）通路优势：量大，平均成本不算高。

（3）通路劣势：跟进成本高，使用者类型广，精准使用者比例较其他通道偏低。

六、如何投放广告

有一句话做通路营销的人都清楚，这句话，让所有的老板都很无奈，甚至成为一些人的借口，这句话是：我们知道有一半广告费是在浪费，但是没人知道是哪一半。

那么如何才能让广告的效果达到最大化呢？

首先，需要确定产品、目标族群的时间以及分布，精准营销的说法是对的，但是很难做得到，因为不可能时刻知道每个人的行为，更何况那么多用户，所以在选择产品投放通道时，首先要分析目标用户的行为、喜好、兴趣等因素，找到他们都隐藏在哪里，然后再去找到对应的通道、位置，并配合相关素材文字做精准投放；其次，最简单的才是最有效的方法，所投放的广告如果偏离了目标用户群体的浏览习惯，那也是失败的，更重要的是通路营销是需要媒体传播配合的，但同时应避免轰炸式烂广告。

下面为通路营销时应如何判断一个通路成功与否。

1. 品牌曝光

曝光量是广告主品牌在受众面前出现次数的体现，是产生点击、反馈的前提。大量的品牌曝光有利于加深受众对品牌产品的认识，进而提升品牌影响力。

2. 下载激活（冲榜和留存）

下载激活主要针对专业和游戏客户，他们的营销需求在于其产品的冲榜以及获取更多的真实使用者。利用各种营销方式使客户产品名列榜单前列，因为通常情况下，榜单排名决定了自然真实下载的使用者数量。

3. 订单销量

主要针对电商类客户，因为顾客转换率是电商最关心的一个指标，真金白银的广告费究竟起了多大效果？带来了多少订单？为达到提高订单销量的效果，广告的展示方式和展示内容需要与使用者的使用习惯深度契合。

4. 促销活动

例如教育类、汽车类企业，为提升品牌影响力，经常以培训、试驾等促销活动的形式进行营销。

通常广告主在冲榜时预算最多，达到 50%，一般新产品上架都要先做冲榜，据营运高手透露，新品 APP 下载量达到 10 万以上才能进到榜单前 100 名，如果不做冲榜，新产品很难被用户看到。

七、结论

以上介绍的是APP营销如何选择通路和如何投放通路广告，后面还会讲到如何修正不是很精准的精准通路营销方案。在通路营销的产业里，每个产品都有自己不一样的营销思维，在互联网发展瞬息万变的今天，随时都会出现新的可能，在这些可能中找到适合自己的推广方案才是最关键的，任何一款好的产品都有一个核心，所以，互联网成功的秘诀是找出具有黏性的低成本营销方案。

一款真正好的产品，即使没有营销策略，活跃使用者也会持续增加，甚至暴增。尤其互联网产品主要以产品用户体验为导向，而不是以营销为导向。当然不否认好的营销策略会使好的产品更快被大众接受。所以，好的产品是前提，营销只是为了让更多不知道却有需求的使用者知道它。

第三节 APP推广与行动商务广告效应

一、Google Ads投放广告

如果想要推广一个新的APP，那么使用者即是核心，必须思考该如何吸引他们与应用程序互动，甚至愿意进一步付费使用，因此提升应用程序的知名度、扩大使用族群、维持使用者的黏着度便是需要精心策划的。先前Google Ads已宣布所有应用程序安装相关的广告活动都将转移为“应用程序广告活动”（App campaigns），通过应用程序广告活动，就能接触到几乎所有Google资源上的使用者，包含搜寻联播网、多媒体广告联播网、YouTube、Google Play商店以及其他应用程序，除此之外，也可以运用某些仅开放给通用应用程序广告活动的版位，像是Google Play商店的首页与应用程序信息页。这些专属版位更有机会触及正处于“搜寻状态中”的使用者，使他们在搜寻其他应用程序并看到广告时，进一步增加应用程序的兴趣。

这类型的广告活动采取自动指定目标，通过机器学习技术从数百万个网站、应用程序中找出最具价值的客户，不需要依据特定关键词、刊登位置、影片指定广告显示的位置，所有广告都是由Google Ads制作完成，系统会抓取在Google Play商店中的应用程序信息、提供的文字内容、YouTube影片链接等作为素材，并进行各种广告组合的制作，也代表广告可能会以多种形式呈现。

下面将分别说明广告显示位置、制作时的注意事项、建议出价方式与策略、转换追踪设定以及常见问题，从而能更有策略地运用这类广告活动，进而达到广告状态优化的目的。

通过图5-3可以了解到Google平台的投放方式和应用细则。可以通过不同地区、消费者的习性来精准找到符合自己的消费者和应用平台。

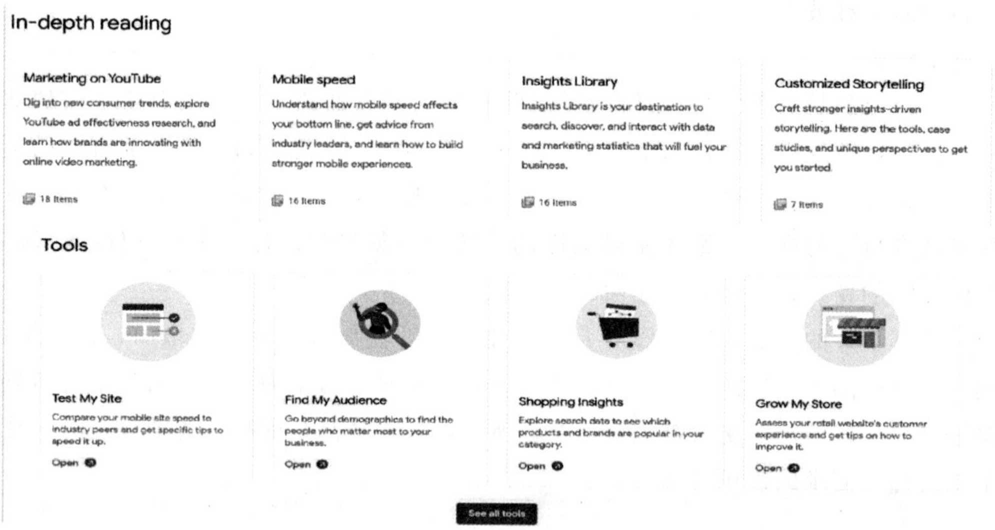

图 5－3　Google 平台投放广告方式

二、广告显示位置

在前面提到过，这种类型的广告可以显示在 Google 的各种资源中，包括 Google 搜寻、搜寻联播网伙伴、Google Play、You Tube、多媒体广告联播网、AdMob 以及其他应用程序。

应用程序广告在关键词的部分很特别，不同于一般的关键词设定，由于 Google Ads 会通过几种方式自动为用户产生关键词（例如抓取 Google Play 中的应用程序信息或曾经为应用程序吸引到用户的 Google Play 搜寻字词等），因此自己不能决定要用哪类关键词、哪一个关键词放多少钱，或是要在哪个版位，这些全部是由系统通过机器学习去设定的。如果在素材中没有加入影片素材，Google Ads 甚至还会以现有资源制作一部影片。（虽然免去了不少工作流程，但对于广告优化师来说，也许应该担心一下 AI 技术的越趋成熟将带来的相关影响。）

Google Play 商店的首页与应用程序信息页是只有通用应用程序广告活动可使用的广告版位，其中包含：

（1）Google Play 的搜寻结果。

（2）Google Play 相关应用程序专区："你可能也会喜欢的应用程序"和"类似应用程序"。

（3）Google Play 首页："为你推荐"。

当用户搜寻、造访与应用程序相关的字词或应用程序时，他们就会看到广告。

三、广告制作的注意事项

（1）广告群组：由于系统会将整个广告活动视为单一广告群组，因此无须建立广告群组，若要宣传不同的应用程序，务必制作个别专属的广告活动。

（2）广告格式：Google Ads会制作应用程序广告活动中的广告，并且在各种联播网中以不同广告格式做放送，因此系统会根据不同的刊登位置自定义广告，也会于广告放送的过程中依情况修改、增加或舍弃任何内容，假如没有加入影片素材，Google Ads甚至会帮你以现有的素材制作一部。虽然这代表广告可能会显示在任何网站上，除非设定排除条件，不然系统仍会依循这些设定做投放。

（3）文案：在制作这类广告时，注意每段文字都要能以随机顺序显示，撰写长度不一但可各自独立成句的文字，甚至完全不显示也不会妨碍信息的传达。每段文字长度应短于25个字符，因广告无法翻译，因此指定语言必须与广告中的语言一致。

（4）素材：建议可上传多样化的素材以供系统制作广告，丰富的素材资源有助于制作个人化广告，并且更有机会符合各种可用的刊登位置。像是影片素材建议可以上传长度不一（介于10～30秒）的影片，以符合使用者在不同情况下的观看习惯。

四、建议出价方式及策略

（一）策略一：如何设定出价

应用程序广告活动可依不同的营销目标做指定与出价，目前主要分为两类：吸引更多新的使用者、鼓励用户在应用程序内进行操作或完成特定动作。

首先，要为广告活动选定明确的目标，指出希望用户执行的动作。第二，定义此动作的价值为多少，并设定出价。那么该如何定义价值呢？举个简单的例子：在推出应用程序后，若希望以“吸引更多使用者，尽量争取用户安装”为目标，并采用“目标单次安装出价”的话，可以先预期有多少人看到广告后就会有一个人购买应用程序，比如我们预期每30人中就会有一人购买，且应用程序单价为150元，那么可以负担的最高单次出价就是5元（150元除以30次安装），这个金额即为推估符合成本效益的目标单次安装出价。

（二）策略二：调整出价策略以触及不同的使用者

在应用程序推出一段时间后，可能会针对不同的目标设定多个独立的广告活动，进而锁定不同的受众类型并分别优化出价，因此当调整其中一个广告活动出价的同时，也给予了系统某方面的讯息。

比如，如果想着重于更有可能会在应用程序中完成特定动作的使用者（例如购买服务、订阅升级版等），可以针对先前目标为“安装次数”的广告活动降低广告预算、目标单次安装出价，这个举动就会让Google Ads知道你对于另一个广告活动中“有可能会在应用程序中完成特定动作的使用者”较感兴趣。

（三）策略三：判断不同目标的广告活动预算

（1）以“安装次数”为目标的广告活动，若要让Google Ads有足够的优化参考数据，建议广告活动的每日预算至少要设为目标单次安装出价的50倍。

（2）如果是以“在应用程序内完成动作的用户”为目标的广告活动，建议观察其中“每天至少会有10名以上不同用户完成的应用程序内动作”，以找出最可能完成动作的新使用者，并根据完成动作的用户之平均价值，设定目标单次客户开发出价。若要让Google Ads有足够的优化参考数据，建议广告活动的每日预算至少要设为目标单次客户开发出价的10倍。

五、行动应用程序转换追踪设定

（一）可追踪的行动应用程序转换类型

1. 应用程序安装

若是在Google Play商店上架的Android应用程序，当有人通过商店安装、于应用程序内购时，Google Play就会自动追踪转换，不需要亲自在应用程序中加入追踪程序代码。

2. 初次开启

如要追踪使用者安装后首次开启的动作，可以采用Firebase或是第三方应用程序分析服务，方可使用这项行为追踪选项。

3. 应用程序内的动作

如果想评估以“应用程序内动作”为目标的广告活动成效，比如在应用程序内完成购买、升级、特定动作的状况，可以通过Firebase或是第三方应用程序分析工具，于应用程序中加入程序代码，便可自定义你想追踪的项目。

（二）设定行动应用程序转换追踪

1. Firebase

于Firebase中汇入事件项目之后，即可追踪初次开启、应用程序内动作以及自定义事件等。

2. 第三方应用程序分析服务

先将Google Ads账户连接至第三方分析工具之后，就能追踪初次开启及应用程序内动作。

六、改变目标、出价调整问题、查看广告及素材表现

1. 改变广告活动的优化目标

如果要改变优化目标，例如从“安装次数”改为“应用程序内动作”，或改用其他的应用程序内动作，需建立新的应用程序广告活动，因为原本设定的营销对象可能已与全新的目标对象不同。

2. 过程中调整出价的相关问题

若在广告放送过程中想变更出价，建议可以等到累积至少100次转换后再行评估，且单次安装出价每天的变化幅度若小于20%，就能产生更稳定的结果。

3. 查看广告及素材表现

由于应用程序广告活动的所有广告都是由Google Ads制作，因此无法查看个别的广告成效，但广告成效会以表格形式显示在“广告活动”的页面上。关于素材的部分，建议可以“广告素材资源报表”中的“最佳”成效素材资源为范本，增加更多类似的广告素材资源。而长期来看，在替换现有的素材资源以前，建议可先在广告活动的限度内，尽量上传各种广告素材资源，以测试出最佳的素材组合再进行优化。

【本章小结】

1. Google Ads跨境电商投放广告模式，了解其跨境营销投放方式。
2. Google Trends可以针对某个产品在某个产业上产生其效应。
3. 品牌曝光对于跨境电商的整体效应。
4. 精准数据营销对于商家来说节省成本和时间。
5. 促进APP平台的活跃度对于整体的平台商家是重要的关键因素。

【本章重要关键词】

投放广告　品牌曝光　精准营销　活跃度

【本章课后思考】

1. 请说明Google Ads定义。
2. 如何精准数据营销？如何促进APP的活跃度？
3. 如何投放广告？可以到哪些平台来投放广告呢？

第六章 互联网消费者行为

案例导读

国联水产董事长直播带货 106 万粉丝在线为“中国虾王”打 CALL

当企业老总争相跨界走入直播间，为自家商品带货当主播成为潮流时，国联水产董事长李忠也开始了人生首个直播带货活动。他因此也成为中国水产业 Boss 带货第一人。

6 月 16 日晚间，李忠现身国联电商直播间，与粉丝互动，他不仅介绍国联的产品，还与粉丝聊天，聊起自己艰辛而坚定的创业之路，甚至一度进行烹饪演示，使现场气氛达到高潮，粉丝直呼：“‘中国虾王’原来这么随和!”

国联水产直播结束后的统计数据显示：本次直播吸引了 106 万粉丝在线观看，收到 61.3 万个点赞，翡翠生虾仁、国联小龙虾和广式水晶虾饺三大爆款被一抢而空。

国联水产董事会秘书张勇在接受《证券日报》记者采访时表示：“此次董事长的直播首秀是公司持续深化国内市场布局，坚定推行‘精品战略’和‘品牌战略’的重要表现。”

“国联水产董事长直播带货的方式，符合现在的年轻人市场。通过消费者喜欢的互动方式把相关的产品信息传递给消费者，更加贴近消费者，进一步打造公司的水产品牌。”浙江财经大学东方学院电子商务专业副教授林立伟对《证券日报》记者表示。

事实上，自 6 月 11 日国联水产预告董事长将开展直播首秀、亲自带货后，市场对这场直播的关注度就不断高涨。而这也是继与薇娅合作促销、入驻薇娅直播间和搭档永辉超市直播等活动后，国联水产在紧抓网红经济、创新商业新零售上的又一积极尝试。

6 月 16 日晚上 7 点，李忠准时现身直播间，直播过程中，李忠对国联产品进行了生动详细的介绍，翡翠生虾仁、白虾、虎虾仁、三去罗非鱼、小龙虾和水晶虾饺等爆款产品受到了美食爱好者的追捧。在介绍产品的同时，李忠还与消费者分享了自己的创业历程，以及带领国联完成全产业链布局的经历。

自2015年确立主攻国内市场后，国联水产就开始在电商新零售和商超等C端渠道布局上不断发力。2019年，公司首次尝试与知名主播薇娅合作开展促销，创造出3分钟数万件的销售纪录。国联水产2019年年报显示，公司加强了与盒马鲜生、京东生鲜、每日优鲜等主要电商及新零售平台深化业务合作，公司在三大平台的销售收入分别达到1.26亿元、9325.69万元和5925.5万元，同比分别增长106.05%、148.23%和123.46%。

2019年年报中，国联水产将今年的工作重点定为“坚持把中国作为战略核心市场的区域定位不改变，在做强B端渠道的同时谋求C端以品牌打造为导向的多元化布局”。从2月开始，公司不断试水营销新玩法。3月试水社区团购、参与中石化“易捷净菜”项目；4月参与“为鄂下单”薇娅公益直播活动；5月与永辉超市合作完成“劳动最光荣·浓情献母亲”线上专场直播活动，以及携手知名艺人柳岩，亮相湖南卫视《笑起来真好看》综艺，力推国联小龙虾。

张勇对《证券日报》记者表示：“我们希望通过推动渠道下沉，有力地提升公司的品牌形象和在C端年轻消费人群的影响力，夯实行业龙头地位，并为公司电商新零售业务打开更大的成长空间。”

林立伟认为：“新零售的方式主要就是打造了线上与线下的大结合，线上的互动加上线下产品的体验，可以帮助国联的产品打开更为开阔的新商业模式；同时，消费者不再局限去市场购买水产，而是通过多元化的方式购买，这样的互动＋沟通＋体验，会进一步促进消费者的购买。”

（资料来源：证券日报网，http：//www. zqrb. cn/gscy/gongsi/2020－06－18/A1592411832869. html，有修改。）

第一节　消费者行为分析

在网络尚不发达的时候，人们买东西通常会去商店，也许还会去两三家商店，比价考虑后才会决定。

但是现在消费者购物行为已经改变，由于信息发达，消费者懂得分辨真材实料与广告效果的差异，如果卖家营销思维不改变，即使有广告加持，还是无法产生好的销售成绩。思维改变的第一步就是要清楚“消费者行为”。

一、消费者行为是卖家解决问题的方式

消费者行为，顾名思义，就是消费者在购买过程中所展现的一切行为。行为是需求的结果，理论上来说，只要研究这些行为背后的需求，就能知道如何适时提供当下需要的产品，进而能大大提高销售率。

但问题在于，同一个行为，例如购买巧克力，背后可能有许多不同的原因，可能

是肚子饿，或只是嘴馋，究竟该如何分辨？

最重要的观念就是，在相同的时间点无法讨好所有人。千万不能奢望把相同的东西卖给全部的消费者，现今是分众时代，应专注于真正有需求的客户。

因此，在销售产品时，要确认销售的对象、他过着什么样的生活、他拿产品做什么？

创新大师克里斯汀生在他出版的著作《创新的用途理论》中提出：顾客买的不是你的商品，而是解决他问题的方案。

知名的营销4P理论也支持这个说法，这4个重要元素是建立在有市场的前提下，其中推广方案是放在最后，产品被需要才是最重要的事。

二、制作“人物志”，摸透消费者行为

为了了解消费者，在提出营销方案之前，会先针对产品制作“人物志”，确认客群样貌：年龄、工作、感情状态、生活习惯、遇到的挑战、希望产品解决的问题等，再针对这类群体撰写文案、营销。

市场营销学权威科特勒在《营销学原理》中提到：“有效的营销，是针对正确的顾客，建立正确的关系”。从20世纪90年代开始，发展出一套“STP”流程：市场区隔（segmentation）→选择目标市场（targeting）→定位（positioning），将营销资源投注在真的有购买意愿的客户身上，才不会白费力气。

不过，市场在变，即使知道理论原则，在执行上仍需要更细致，若只是单纯地用性别、年龄、居住地等传统的条件区分，是没办法精准抓住客户样态的，必须深入思考：客户过的是什么样的生活？他会在什么情境之下使用这个产品？驱使他购买的真正动机又是什么？

三、消费者旅程三阶段——洞察消费者背后需求

在《创新的用途理论》中提到一个案例：快餐店希望增加奶昔的销售业绩，在尝试推出新口味、降价促销等营销方案后，业绩依然毫无起色。后来营销人员改变思维，观察客户买奶昔是做什么用的，发现早上9时前通勤的顾客，喝奶昔只是为了让通勤的路程中变得有趣，奶昔可以单手拿取，又能垫垫肚子，是最方便的选择，同时期待奶昔里可以添加麦片，让每一口都有惊喜；而下午的顾客通常会带着孩子一起来，父母会希望孩子喝小杯装、不要太甜的奶昔。同样是一杯奶昔，顾客购买的动机却是大不相同，若快餐店忽略这些因素，只专注让奶昔“更浓、更甜、更大杯”，只会流失更多顾客。

顾客在购买产品过程中会经过以下三个阶段：

（1）觉察：意识到需求，或是渴望某项产品。

（2）考虑：消费者思考是否真有需要这项服务，开始寻找最适合的解决方法。

（3）决策：消费者在众多选择之中，决定一个最合适的解决方案。

当我们营销产品时，除了要清楚知道顾客的样态之外，也要清楚消费者是处在什么阶段，因为不同阶段所需要的信息是完全不一样的，所用的素材、文案都必须对症下药，才可以打动他们。

比起被实体店的华丽装饰所吸引，消费者更可能早在网络上建立心中的必买清单。他们不再喜欢在拥挤的实体店花太多时间，而是崇尚快、狠、准的消费模式，甚至会选择电商更加轻松地完成消费。所以周年庆的致胜关键就是成为消费者购买列表上的必买选项。

从消费者购买意图开始，创造全新的消费者经验。许多消费者会在周年庆时一次购足所有商品，他们会买下一年用的化妆品、入手憧憬已久的奢侈品、更换家中旧的电器。在这种竞争激烈的时刻，营销重点不再是降价促销，而是要贴近消费者意图，创造良好的消费体验。

适时看清品类趋势、化身购买顾问，则是建立品牌深度影响力，使其成为必买清单的好策略。以搜寻年成长率高达 31%的美妆为例，秋冬换季时，保养与彩妆类需求就有明显不同的特点，根据特点着手，以消费者意图出发，创造全新的消费经验。

响应消费者的需求，灵活运用数字广告。消费者初期进行搜寻时，营销人员要如何抢先抓住他们的目光呢？除了使用关键词与消费者意图相关的广告外，也可以将购物体验直接呈现给消费者。

2020 年，Google 开放中国台湾地区使用的购物广告（Shopping Ads），在消费者尚没有品牌偏好、针对品类进行广泛搜寻时，商品可如陈列架上的形式出现在搜寻结果中，将商品照片、价格与评分一并呈现，使消费购买决定变得更简单。而在消费者逐渐建立购买清单的同时，品牌也能运用文字广告中的倒数计时功能，让蓄势待发的消费者可事先规划购买时机，从意图到行动一气呵成。

四、掌握各品类趋势，善用影音引领“必买”风潮

了解品类趋势以后，找出适合的沟通平台将是消费者选择的关键。从影音搜寻趋势发现，周年庆相关搜寻同样也提早开始快速攀升，各种商品开箱文、战利品分享、周年庆怎么买都是消费者参考的主题，他们信任喜欢的美妆达人的影音分享，并依据这些讯息决定想购买的商品。

第二节　消费者体验营销

一、消费者不同的体验方式

消费者势必需要通过体验营销来产生更强大的购买欲望。经由各项感官与理性因素，向消费者传达品牌理念并争取潜在客户。图 6－1 所示为 VR 购物体验。下面以展场体验营销为例，来讲解体验营销的定义。

图 6-1　VR购物体验

体验营销的定义主要是由美国战略地平线 LLP 公司两位创始人所提出，他们认为消费者在购物时感性与理性同时存在。因此，只要研究消费者行为则可提高销售量，并提供相关的体验营销，更可增强消费购买能力。下面为体验营销五大结构面。

（一）感官体验营销

感官体验营销大部分是通过五官所建立，例如，视觉、听觉、气味等的相关体验。主要借由体验促进消费欲望，常见的感官体验有试车、试吃、试喝等。而在展场中，最常看到的感官体验营销则为体感交互式体验与 AR 互动展区；展场中经由这两种感官体验，可以聚集人潮，使得品牌推广更加容易。

（二）情感体验营销

情感体验营销主要是触发消费者的内心，并营造出一种舒心的氛围，使得消费者相信品牌进而达成销售。因此，展场设计上就要将空间设计成符合品牌形象与意念的氛围，并使得观展的人潮可以融入情境氛围，进而达到停留的目的。

（三）思考体验营销

思考体验营销可以借由创意性与启发性来解决消费者的疑问，并可借由一连串的提问与回答让消费者了解品牌，进而对品牌产生信任度。而在展场空间设计上，可借由 AR 扩增实境或是 AR 互动展示促进消费者思考需求，进而达成展场顾客需求。

（四）行动体验营销

行动体验营销主要是通过一句话或是明星代言品牌，促使消费者产生购买需求。行动体验营销最有名的案例，莫过于耐克的行动呼吁：Just Do It。这种简洁有力的行动呼吁，往往会促使消费者行动。故在展场设计上，也需要强而有力的行动呼吁，使得观展人潮往摊位移动。

（五）关联体验营销

关联体验营销包含了以上各种体验营销，主要是将所有与品牌有关联性的物品通通加强在品牌上，强化品牌的推广度。从展场设计上来说，更可借由各项与品牌相关的设计，凸显品牌的独特性，再借由感官、情感、思考与行动等体验，促使摊位人潮涌现。

许多品牌执行消费者体验时，会将“让消费者留下深刻印象”作为首要目标。然而，体验式营销不应该只让消费者留下印象，品牌必须想办法让消费者在留下印象后，进一步购买商品，提升商品购买率。

此外，也应该将体验式营销作为催化剂，开启消费者与品牌、消费者与消费者间的对话，如此一来，不但可以有效接受消费者的建议，也能成功打造口碑营销。体验营销代理公司 NVE 的创办人 Brett Hyman 分享过三个要点，让体验式活动不单单只让消费者“留下印象”，还能有效提升购买率。

二、体验式营销成功的定义

体验式营销的成功不在于活动当下带给参与者多深刻的印象，而在于活动结束后，为参与者留下了什么样的情绪，甚至能更长远地影响顾客感知价值，将情绪转化为购买行动。

体验式营销不是营销的唯一方式，但绝对是让品牌与顾客了解彼此的优良通道。若是能在体验式营销的线下活动中，找到能让品牌与消费者建立联结的方法，便有机会在未来做出更贴近消费者的产品。

（一）找出品牌核心价值，注重质量而非数量

客户关系管理平台 Bizzabo 公布的数据显示，91%表现较佳的公司会花较多心思在体验式营销上，可见体验式营销的重要性。虽说如此，但和其他的营销方式一样，体验式营销也必须能够传递品牌价值，并提升投资报酬率。

要提升投资报酬率，就必须从传递品牌的核心价值开始。在设计体验活动前，应该先考虑“在这场活动过后，要为体验者留下什么?”，答案就会成为品牌活动的目的，以及设计活动内容时的第一优先。从核心价值出发，就能让体验者在整个活动过程中感受到品牌所希望传递的价值，影响消费者的购买行为。

而活动的参加人数并非首要目标，上百乃至上千人参加，感觉上成功了，但若参与者众多却无法感受到有效的体验，也是徒然。搜集的数据，要能真正达到设计活动时所希望得到的反馈与目标。例如，虽然参加者数量并不多，但每次体验都用心且完整，让体验者在活动后想要主动分享在社群网站上，让话题持续发酵，将线下线上整合，带来更高的购买率，这才是真正成功的体验活动。

（二）主动询问顾客意见

在体验活动中最能有效得到体验者回馈的方式，就是主动询问。被动地等待体验

者给出评论或建议，可能会错过许多宝贵的意见。而询问的方式也不只是单调的问卷调查，可以在寻求回馈的过程中加入创意，让填答不再乏味，或是利用抽奖等方式鼓励参与者给出意见。举例来说，在活动过程中有给予回馈、互动性的投票，不仅能让参与者更有参与感，也能清楚得知体验者的喜好。

活动设计公司 Event Manager 调查指出，至少 60%的参与者，在活动过程中会主动使用智能型手机。因此，品牌可以利用手机作为意见平台，建立在线调查，在活动中主动邀请参与者填答，可以增加参与者填答的意愿，在当下得到最真实的意见。

（三）找出顾客潜在需求

体验式营销能快速让顾客将焦点及注意力放在产品或服务上，因此能够在实体店线下活动、快闪类第一线接触到顾客反馈的机会中，更深入了解顾客。借由实际观察消费者使用商品的过程、喜好及困难，了解喜好趋势，进一步改良商品。

由体验式活动所得来的观察数据，以消费者为中心，设计产品、解决困难，不但能让产品更贴近消费者，也能促进客户对品牌的忠诚度，创造良好的消费体验。

第三节 品牌营销对消费者的效应

一、品牌营销要以消费者为中心

品牌营销运用了一系列的营销及沟通方式，通过品牌策略规划，在目标受众心中建立良好的品牌形象，通过品牌价值传递，逐步提升品牌曝光、品牌认同、品牌联想等等品牌效益。

品牌营销的流程可依照 STP 原则，即市场区隔（segmentation）、选定目标市场（targeting）及市场定位（positioning）来制定品牌价值主张。提出为什么要做品牌和营销的差异在哪等问题。

你是不是也好奇：花钱打广告是做品牌吗？市场定位就是品牌吗？或者改变企业识别色就是品牌活化吗？那么到底什么是品牌营销？为什么要做品牌策略规划？这些问题，多出自于对品牌与营销差异的不了解。

（一）品牌的定义

品牌重视与顾客的联结和感受，属于整体的策略规划，目的在于改变顾客对于企业或产品的认知，以获得高且长久的利润。

（二）营销的定义

营销的产生是由于商家着眼于“立即”的销售量，属于短期的战术执行，目的在于吸引顾客购买或解决销售问题，让产品可以卖得比较好，还可以有短期获利空间。营销策略则以营销 4P 为方向来制定整合品牌策略，包含价格（price）、产品（product）、促销（promotion）和地点（place）。

品牌营销的方法有很多种，根据产业、类别和商业模式的变化会发展出不同的营销策略。尽可能向目标市场传达对我们最有效的营销方法，通过持续营销活动展现商品特色，接触更多潜在的消费者。

下面为 9 个品牌营销策略，可以选择这些方法，应用在企业和网络营销策略上。

1. 体验式营销

企业更希望与顾客建立一个长期关系，推销式营销方式已经趋于式微，通过网络营销传达商品优点，以体验的方式让消费者去评估商品的实用性，并提供试用品，使潜在顾客得到了免费的商品，便能够给予企业商品说明和反馈。

评价和星级的出现、好评和差评的区分也同时存在，这对公司品牌的考验较高，如何更贴近消费者的心，体验式营销对企业而言是一个直效性测试公司商品的方式。

一旦在体验中消费者喜欢上该商品，那么就会产生后续消费，而体验后的高评价就会吸引到其他消费者，他们甚至会因为良好的品牌评价，不远万里而来。

2. 内容营销

内容营销是企业最热门的营销方式，在购买商品前，就和消费者进行更深层次的互动。好的内容营销是长期和有效的，顾客往往会通过阅读更多的内容，如杂志、视频等，来了解产品是否值得自己消费。

内容营销分为多种形态和方式，最有效的是 SEO 搜索引擎结合的内容营销。在搜索时，尽可能使用精确的关键词。通过专业和分析数据，去搜索最佳的关键词。

内容营销需要对文章的内容、标题都要有一定程度的了解，对于产品要有清晰的定位，好的内容不仅可以带来网站的高流量，提高转化率，而且会使目标顾客阅读更多的内容，在体验上与你的关系互动更加亲密。

3. 口碑营销

口碑营销是通过消费者的分享来达到宣传商家产品的目的，对于商家来说是一种极为有力的营销方式。“这个商品真的很好用”“是我的亲朋好友介绍的”，口碑营销就是通过口耳相传的方式，来告诉你这个商品的优点，通常是已经体验过和使用过的人们，他们很乐意去跟你分享这个品牌，那么经营一个成功品牌要花费多久时间呢？

例如，最新款的宝马车款、英国牌顶级香水、香港小熊饼干、意大利面美食餐厅等，都巧妙地使用着口碑传播。一个企业或一个产品的口碑传播客群会提早获得产品使用信息，并把这些内容传递给消费者，以真心告诉消费者使用产品的体验感，这样的方式让企业在营销有了新的突破，客群传递给顾客的体验感即在讲述与品牌相遇的故事，便能瞬间与新的消费者拉近距离。

4. B2C 营销

企业会采用不同的折扣活动直接对消费者进行营销，如优惠券，搭配母亲节做年度营销，“双 11”的抢购活动等吸引消费者，最终的目标是消费者购买成功。B2C 营销的策略需考虑成本，结合个人化营销，专注于每一次的营销推广，提供广告或在线的特别优惠，店面上做足宣传广告牌，吸引目标消费者。

企业需要做的是不断推出不同的折扣和优惠活动。针对这个营销策略，需要评估你的产品定位，是不是适合你的商业模式，为了顾客你会有多少的舍弃或是退让，预计提供多少的优惠券和买一送一券，不同的消费者会被不同的折扣吸引，企业的优惠政策不断更新，那么消费者的群体就会持续跟进。这样的方式比较适合大型零售商城，使顾客可以获得同等的满足，让潜在的顾客因为折扣进入你的网站或是商城。

5. 饥饿营销

限量的产品总是令人期待，利用顾客的这一消费心理，商家即可减少消费拒绝和增加销售，这一点在饥饿营销之中就表现得很精彩，列举以下的例子：

（1）价格限制：这个品牌的特惠价格仅有一次。

（2）数量限制：限量 500 名。

（3）时间限制：年度限量款（四年一次的足球赛）。

（4）颜色限制：仅有一个颜色。

（5）特别款限制：为了商品特别附加的限量款。

活用市场中有创意的活动案例，会使一些有价性的产品更受青睐，当仅有少数可以购买时，你的商品会是与众不同且珍贵的。

当消费者想收藏或是得到商品，但又得不到时，他们会选择牺牲一定的时间成本或是追加消费来取得该商品，公司进行饥饿营销策略，以增加销量，使品牌忠诚度强化，抢购的热潮可以控制在一个时间点，让营销状态持续不断推陈出新，这个行为可以激发消费者的潜在欲望，价格已经不是重点，如何为消费者留下抢购成功的欢呼和喜悦，成了使商品快速地被销售出去的关键，而其中的意义正是稀有。

6. 电话营销

说起电话营销第一个反应是什么？可能是希望早点结束这个对话。但目前，电话营销还是现代企业热门的营销方式，通过专业的电销业务和企划人员直接与其他公司、顾客进行沟通，搭建起公司和客户的沟通桥梁。在电话营销中，客户一旦对电销人员的言语感兴趣，就会与之多交谈，那么也就形成了一种最有效的对话方式。

现在有更多先进的方式进行电话沟通，如在线会议或是预约视频会议，在电话营销过程中，你可以试着了解目标顾客的思维和想法，在拨出电话之前，以更有效的方式与他们沟通，促进你们之间的关系。

7. 行动呼吁营销

行动呼吁营销（call to action，CTA）是针对网页设计的元素，如按钮或是高质量的图标，以使消费者流览网站时留下深刻的印象，刺激消费停留和增加转化，有助于提高注册率或是潜在顾客加入订阅的方法。

好的行动呼吁，可以让顾客导向最佳的网址，这个网址会有设计好的导购路线。在进行 AB 测试时，也少不了行动呼吁的存在，我们会优化使用者的体验，让网页结构趋于完整。

8. 媒体营销

报纸杂志媒体新闻都是一种营销的途径，选择和知名度高的媒体合作，宣传自家的品牌，增加好评的机会，提高消费者对商品更深刻的印象。通过媒体传播，品牌的好处会被放大，好的媒体互动会增加企业的信赖感。

使用媒体资源做投资，周期性地开一场新闻发布会，摄影记者记录形象照片，文字记者撰写新闻稿件，地点周遭的人会释放出消息，更多的群众得到商品的信息，推送商品活跃的氛围和重大消息，投资者通常会通过这些来辅助他们对企业进行判断。

9. 电子邮件营销

许多营销人员经常用电子邮件去联系合作对象，包括与客户联系都是以邮件为主要方式，因此成本低的电子邮件营销模式是企业热门的营销方法。

邮件更看重人和人之间的互动，通过来回式的传递，增加企业的忠诚感，在对话之间，留下记录，从而增加情感。不论是否递送企业个人名片，都会留下邮件希望他们能与你进一步互动。

营销策略在发生日新月异的改变，结合企业的品牌定位打造出最适合企业的方式。

最后，品牌力的展现在每一场营销活动中都至关重要。如 Youtube 发布社群图片上精彩的内容，通过直播投票晋升热度，IG 限时动态影片的宣传，成功塑造自己的形象。把握了每一次的曝光机会，直播影片中的专业、特色、自信笑容使目标族群喜欢按下影片订阅，增加自身的浏览量。自媒体的竞争也是一项定位市场，网红经济发展之下他们需要更清楚自己的定位。

商业不仅仅如此，你的竞争市场位于广大的蓝海或红海，有策略性的营销方式，例如体验式营销、内容营销、品牌营销等方式，只要是最适合你的品牌策略，就能够得到消费者的青睐，让目标顾客长期对你的品牌产生兴趣，在销售漏斗中成功留下更多宝贵的顾客。

【本章小结】

1. 体验营销对于消费者来说具有说服力。
2. B2C 对于未来电子商务市场已经成为一种新的趋势。
3. 不同营销方式的学习，包括口碑营销、饥饿营销等方式。
4. 消费者体验营销可以加强消费者购买的冲动性。

【本章重要关键词】

体验营销　消费者体验　B2C　口碑营销

【本章课后思考】

如何让消费者增加其购买力？

第七章　从消费者角度分析社群营销

案例导读

西麦食品发力线上营销 网红带货瞄准“后浪”消费市场

“公司的传播策略今年有较大改变，重点放在线上。”西麦食品副总经理、董事会秘书谢金菱日前在与机构投资者电话交流会上透露，“我们会综合利用意见领袖（KOL）及各种线上社交平台，与头部主播及腰部主播进行直播合作。从内容营销、信息传播、品牌传播、产品评测等方面来做线上推广。”

在营收净利双增长的 2019 年年报发布后，西麦食品受到了机构投资者的广泛关注。公司 5 月 13 日晚间披露的投资者关系活动记录表显示，5 月 11 日包括长江证券、兴业基金等在内的 51 家机构的 52 人参加了公司组织的电话交流会。此前的 5 月 7 日和 10 日，公司举行了两场电话会议，同样吸引了 71 位机构投资者线上参与。

除了对市场布局如何规划、竞争优势如何保持等问题关注外，机构投资者对西麦食品的营销定位、渠道建设也饶有兴趣。在今年 3 月中旬见证了李佳琦直播带货西麦食品的燕麦产品 1 分钟内下单 1.5 万盒后，公司也更加坚定了线上营销的策略。

“目前，年轻消费者开始逐渐注重健康，随着燕麦的绿色、健康属性在消费者中的认可度越来越高，燕麦食品的忠实消费者群体不断扩大。冷食休闲燕麦的主要消费群体为年轻人，而年轻消费群体主要在线上进行消费，因此，今年我们的传播重点将放在线上。”西麦食品相关人士对《证券日报》记者表示。

搭上 KOL 和网红带货模式快车

西麦食品的产品是广为人知的燕麦。作为国内燕麦行业龙头企业，公司在上市首年即向投资者交出了一份满意的答卷。2019 年，公司实现营业收入 9.73 亿元，同比增长 14.33%；归属上市公司股东的净利润 1.57 亿元，同比增长 15.02%。

线下建立广覆盖、深渗透的多层次立体营销网络，同时加强在电商渠道上的布局，是公司业绩增长的重要推手。西麦食品年报显示：“报告期内，公司继续实施营销渠道精耕下沉的策略，通过加大对三、四线城市的渗透力度，重点对销售相对较弱的区域的渠道进行改造，提高市场覆盖率和渗透率，加大在社区新零售推广方面的投入。"

值得一提的是，公司线上电商的稳步发展。"2019年是线上市场快速变化的一年，KOL和网红带货模式兴起，公司在这方面也进行了有益的尝试，借助线上多种主流社交平台，如微信、微博、抖音、小红书等，开展新营销模式的探索和实践。"西麦食品对此表示。

《证券日报》记者注意到，西麦食品线上渠道的布局可以追溯到2013年，公司察觉到了电商时代到来的信号，开始布局线上销售，同年在京东开设了西麦旗舰店，随后于2015年正式入驻天猫。2017年，公司又在杭州成立电商事业部，开始统筹布局线上销售。

积极开发年轻消费人群的新品

"通过对天猫销售数据的分析，我们发现，公司产品消费者群体年龄层在25岁左右的消费者占20%左右。所以，公司加强了线上推广力度，充分利用线上多种主流社交平台，积极开展新营销模式的探索和实践。"西麦食品有关人士告诉《证券日报》记者。

为迎合年轻消费者的市场需求，今年2月，西麦食品新开设天猫"西澳阳光"旗舰店，"西澳阳光"的冷食休闲燕麦，正是针对年轻消费人群的产品。西麦食品目前在热食及冷食燕麦上分别储备8个方向，共80多种新品。冷食燕麦方面，去年开发了燕麦脆系列产品，今年开发酸奶果粒烘焙燕麦片、50%水果坚果烘焙燕麦片、燕麦能量棒等冷食燕麦产品，后续还会有新品陆续推出。

据记者了解，西麦食品未来3～5年的整体战略之一是巩固和提升西麦热食冲调燕麦片消费群体优势地位，创新发展西澳阳光冷食休闲燕麦，拓展年轻消费人群，构建以燕麦为主的谷物食品，全品类、全渠道、新营销的竞争优势。

浙江财经大学东方学院电子商务专业副教授林立伟对《证券日报》记者表示："食品企业需要不断地把好东西推广给不同地方的消费者，与消费者进行分享，线上销售具有事半功倍的效果和效益。具有影响力和公信力的人进行试用或者代言，让消费者认识该产品的特色与特点，更具说服力，具有加分的效果。"

（资料来源：证券日报网，http：//www. zqrb. cn/shipin/shipinhangye/2020－05－15/A1589509834406. html，有修改。）

第一节 社群营销平台介绍

社群营销平台对于卖家来说是个很重要的关键因素。平时卖家要通过这样的平台来跟消费者群体沟通和互动。社群营销对于买卖双方来说是一个新的渠道和平台，通过这样的渠道和平台可以互相满足双方的需求。

一、社群的概念和分类

（一）社群的概念

社群对于消费者来说是属于一个集合，具有沟通和互动等特征。包括现在最流行的直播平台，就是通过跟消费者互动小游戏、互动沟通交流等相关的一些方式来组建社群的。

运作品牌的是一个群体，做销售的也是，做定位的可能又是一个群体，这些群体有一些共同特征，甚至是共同的价值观（我们称之为想象的共同体）。

社群是在自媒体兴起时，有共同需求、兴趣、爱好和亚文化特征聚集起来的群体。

社群，现在特指互联网社群，是一群有共同价值观和亚文化的群体，基于信任和共识，被某类互联网产品满足需求的群体；是一种用户主导的商业形态，以较低的成本来获得较高的商业价值。

社群的主要特征是有区隔性和兴趣性。也就是说，跟粉丝经济是不同的，一个是中心化的，一个是去中心化的。

社群经济不仅仅是企业主导，并且蕴含了多元化的商业和产品，是一种以互联网为载体的跨时间、空间和地域的生态系统。

（二）社群的分类

（1）产品型社群：小米。

（2）兴趣类社群：大众点评。

（3）品牌型社群：车友会。

（4）知识型社群：逻辑思维、知乎。

（5）工具型社群：微信、微博、头条、钉钉。

（6）交叉型社群：逻辑思维既是产品型也是知识型，还是兴趣型。

二、抖音视频营销方式

抖音是今日头条旗下孵化的一款音乐创意短视频社交软件，是一款专注于年轻人的音乐短视频平台，以其优质的作品、潮流的特效、洗脑的背景音乐（BGM）、沉浸式的体验等受到广大年轻人的追捧。

（一）抖音产品说明会

抖音短视频是由今日头条旗下的一款音乐创意短视频社交软件，该软件于2016年9月20日上线，是一个帮助用户表达自我，专注于年轻人记录美好生活的音乐短视频平台。上线之初，原名为A.me，品牌标签为：让崇拜从这里开始，后更名为抖音，并且标签也变为：记录美好生活。用户可以通过这款软件选择歌曲，拍摄音乐短视频，形成自己的作品，软件会根据用户的爱好，来更新用户喜爱的视频。目前，抖音除了最基本的浏览视频、录制视频外，还加入了直播、电商等功能，不断探索新的商业模式。

（二）产品现状

截至2020年1月，抖音单日活跃用户数量（DAU）超4亿，较去年同期的2.5

亿增长60%。2020年6月月活跃用户达到51336（万），同比增长5.6%，月人均使用时长1569.5分钟，活跃用户7日留存率87.2%（数据来源：QuestMobile TRUTH中国移动互联网数据库，2020年6月）。2019年8月至2020年8月，iOS应用畅销榜、摄影与录像榜（畅销&免费）榜单前十（数据来源：七麦数据）。

（三）产品市场分析

QuestMobile数据显示，受疫情影响，全网月活跃用户在2020年5月达到11.64亿之后，6月微微回落，月均月活跃用户数量（MAU）11.55亿（2019年月均MAU 11.35亿、2018年月均MAU 11.09亿），短视频快速增长，行业MAU已经达到8.52亿，短视频的时长已经占据总时长份额的20%，仅次于即时通信。

在新冠疫情的影响下，线上需求持续释放，中国移动互联网月活跃用户规模不断上涨，在5月达到峰值，随着复工复学回归正常，6月稍有回落；2020年上半年全网净新增用户规模超过去年全年。

三、用户分析

（一）用户角色地图

抖音的用户对于市场来说是成功的关键因素之一。

（二）用户属性分析

抖音用户男女较均衡，19～30岁偏好度（target group index，TGI）高；新一线、三线及以下城市用户偏好度高。

抖音用户整体年龄偏年轻，他们对新鲜事物的接受更高。新一线、三线及以下城市的人群相对来说工作节奏较慢，收入结构稳定，文化娱乐方式更多，他们追求稳定的生活，有丰富的娱乐休闲时间。

抖音一开始的定位是潮酷，吸引年轻和发达城市用户。从2018年抖音的品牌标签从“让崇拜从这里开始”改为“记录美好生活”，到后来抖音合并火山小视频推出抖音火山版，将目标用户范围扩大，也表明了抖音希望拓展下层市场的意图。

第二节　关系营销建立

人们对于客户关系管理（CRM）有着各式各样的观点，都可以用于解释到底什么是CRM，下面从顾客关系营销的角度来阐述CRM。

（一）背景

1990年初，许多企业开始意识到衡量和管理顾客满意度的重要性后，纷纷开始使用顾客资料分析的方式，试着找寻对于企业有着高价值贡献度的顾客，希望能够留住他们，使这些企业忠诚顾客创造更多利润，这时学者安德森提出一套衡量顾客价值的想法：表现—满意—忠诚—利润链。

(二) 顾客对于企业满意度评比的程度

安德森认为顾客对于企业整体服务的表现，将会影响顾客对于企业满意度评比的程度。从绩效—满意度中可以得知，影响顾客满意程度的方式有以下三种：

(1) 普通顾客关系。

(2) 维系顾客关系。

(3) 强化顾客关系。

但令人意外的是，维系顾客关系的成效竟然比普通顾客关系的表现还差，安德森解释说，因为企业在维系顾客关系的过程中，也可能会包含“负面维系关系的方式”，比如过度发送营销讯息，给予顾客不相干的活动信息等，这都会造成顾客满意度的下降，因此最理想提升顾客满意度的方式为：“强化顾客关系”，也就是“如何营造良好的顾客体验情境”，这才能帮助企业持续提升顾客满意度。

(三) 企业如何让顾客对于其商品或服务建立信任

安德森的研究发现，顾客满意度与其留存度，两者并不是呈现一个平稳的线性关系，良好的顾客满意度确实能够提升顾客持续购买、使用企业商品或服务的意愿，但企业与顾客建立互动的过程中，如果无法让顾客对于企业的商品、服务产生信任，那将会造成顾客流失，无法建立品牌忠诚。

以早期航空业为例，航空业的顾客服务其实已经很完善，从购票、划位、报到、登机、起飞、机上服务、落地、离开等一系列搭乘飞机的过程中，航空业无微不至地适时给予顾客最好的关怀，但为何航空业的顾客流失率还是很高？

因为公司对于这些顾客体验仅止于“Somewhat Satisfied”，即满意的阶段，但尚未达到“Extremely Satisfied”，也就是非常满意的阶段所造成，因为顾客的满意度虽会因为企业提供的商品和服务内容有所提升，但顾客其实仅止于“考虑区间（Consideration Zone)”，随时会因为价格促销、免费赠品等营销方式，轻易改变既有的选择。

我们该如何突破这样的困境呢？安德森认为，可以根据顾客在享受我们提供服务的过程中，给予奖励和反馈，让他们感受到：“我好像与其他顾客不太一样”，渐渐让他们从“考虑区间”移转到“信任区间（Trust Zone)”，例如航空业推出的“飞行常客奖励计划”就是通过顾客完成航空旅程后，给予奖励和反馈，让顾客于下次购买机票时，会优先考虑这家航空公司的服务，渐渐产生依赖感，形成顾客忠诚度。

(四) 企业在塑造顾客品牌忠诚度时，应避免产生“过度满足”的情形

当我们成功强化顾客体验、成功建立顾客信任，并使其依赖我们所提供的商品服务后，该如何有效地创造顾客价值的利润链呢？安德森提出的想法是：“初期由于投入资源去让顾客建立信任与依赖时，利润为负，中期当顾客进入信任区

间后，利润开始转正，后期当顾客处于过度满足或企业因稳定而减少资源时，利润将开始衰退”。

但到底什么为何会发生“过度满足或企业减少资源投入的情形发生呢?”安德森认为顾客会产生过度满足的情况在于：“边际效益递减”，用一个简单的例子说明，想象你过着每天都有山珍海味吃到饱的生活，但吃久了你还是会还想念路边摊的卤肉饭，这就是边际效益递减的情形，因为你已经被每天的山珍海味包围，导致过度满足的情况发生。

同理，企业在建立顾客价值模型初期，一定会投入大量的资源，打造良好的顾客服务体验，建立品牌忠诚度，但到了后期，这些“享受惯好服务的顾客”将会因为边际效益递减的缘故，企业创造的贡献度已经超过企业注入在你身上的资源成本，导致顾客流失率与顾客价值的下降。

【本章小结】

1. 关系营销的设计和建立，了解其跨境营销的营运方式。
2. 建立消费者的品牌忠诚度和品牌认知。
3. 顾客满意度的设计和调查。
4. 抖音营销的商业模式。
5. 社群的运营方式。

【本章重要关键词】

关系营销　品牌忠诚度　顾客满意度　抖音营销

【本章课后思考】

1. 请说明关系营销分析定义。
2. 请叙述品牌忠诚度的定义和社群运营的方式。
3. 如何建立起买卖双方的信任关系？

第八章　5G时代对互联网营销的影响

案例导读

5G 新 时 代

一、火了很久的5G，终于要带着浓重的“火药味”，走进我们的生活了

在2020年的巴塞罗那世界移动通信大会（WMC）上，华为、OPPO、小米等诸多手机厂商纷纷将5G作为自己的杀手锏，展示自己进入5G手机战场的实力和决心。而在此之前，各大运营商和芯片制造商之间争夺5G主导权的战火早已蔓延开，即使是对科技产品很不感兴趣的人，也或多或少能感受到这场战争的紧张激烈和旷日持久。看到5G手机终于被宣布、被发售，我们才切身体会到，5G时代正式登场了。

二、5G登场，不只是更快的网速

4G网络代替3G网络时，我们的生活发生了翻天覆地的变化；而5G的到来也将大大改善4G时代未曾解决的难题。与4G相比，5G最显著的一个特征体现在网速上。曾经让我们惊叹无比的4G网速平平无奇了，甚至同样面临着当年3G受到的吐槽，而传闻能在几秒钟内下载1G大小视频的5G网络无疑让不少消费者感到兴奋。

除了网速外，极低的延时性和极大的连接量是5G的另外两个优势，它们共同为5G的应用增添了更多想象力。5G能给我们带来的变革远比4G要多、要大，这些变革将会遍布生活的每个角落。

“2019年是5G元年”——这样的言论你一定不陌生，的确，5G手机即将出现在市场上，为我们打开新世界的大门，但更广阔的畅想——万物互联、人工智能、虚拟现实等，仍然需要时间。如果这些词汇让你感到枯燥，不如先聚焦到更具体的应用上，想象5G的神奇之处。

Kr8将目光锁定在快消零售赛道上：快消零售要如何搭上5G的快车？如果说落地还需要时间，那么现在可以做些什么呢？

三、万物互联：5G创造新世界

物联网不是一个新的概念，北美大热的智能音箱让许多人对物联网充满了欢迎和开放的态度。在5G网络下，能够接入网络的不仅仅是一个能聊天的音乐播放设备，而是你生活中的方方面面：你的汽车、你的家具、你的衣服，甚至是你的农场或公司，这些都可以作为这个网络的一部分。

届时，电影里的场景将变为现实。你的衣服会让你的空调制冷，你的闹钟会告诉你的面包机做早餐，你的一个手势或一句指令就能让你的房子或工厂打开窗子或锁紧大门。5G的海量连接可以容纳得下这种想象，超高效的运算和处理性能也不会因为超负荷运载而宕机。5G甚至还有余力加入人工智能，来进行更为复杂、专业的运筹和决策。

这无疑是一个庞大的愿景。所有的传统制造商几乎都站在同一个起跑线上，几乎都有机会通过5G进行一番壮举，但需要注意以下几个问题：

（一）传统制造商是否有能力为自己的产品提供网络服务？如果难度很大的话，找一个智能联网服务供应商是一个不错的选择。

（二）传统制造商包含的种类有多少？在万物互联的畅想中，自己拥有的品类越多，越能够在消费者的生活中占有一席之地，也越能够在这一竞争中树立自己的地位。

目前我们能够看到的具有万物互联计划的公司有宜家和小米。这两者的合作本来就是为了打造智能家居，而5G时代的到来能允许更多的接入设备、更低的能耗、更快的处理速度、更多样的服务内容，让我们对这一合作充满了好奇与希望。而万物互联下的思路可以更加开阔，更多领域的变革者都可以参与进来，共同合作，将这一愿景作为一个整体推动。也许不久的将来，我们就能生活在智能公寓，甚至是智能城市之中。

四、消费娱乐：5G带来更好体验

消费娱乐行业在蓬勃发展中，而5G的赋能会带来更有趣、更真实的体验。

VR和AR的发展前景被消费者普遍看好，但是在实际应用层面一直无法打开更大的局面，究其原因，网络延迟较大、无法实时动态渲染是一个重要原因，无论是在新型游戏中，还是在旅游、互动直播、网购试衣等新型生活应用中，现有网络的这一缺陷都不可避免。5G的重大突破直接解决了这一问题，让陷入困境的新技术逐步落地，走向消费市场。

对于快消零售的公司来说，现在思考未来要如何通过5G的上述应用来提升消费者的体验，并进行尝试和合作，已经不算太早了。可以预料的是，素来爱好“黑科技”的优衣库、海底捞、星巴克等，在自己的店面中增添5G设备来吸引消费者似乎只是一个时间问题。

五、新型产品：5G重拾实验室遗珠

当我们把目光看向高校的实验室，能够发现不少创新的产品和解决方案受限于网络连接的问题，致使这些新应用停留在了实验室和论文当中。5G的广泛应用应当使我们想起这些奇思妙想，并尝试在5G时代投入市场。

举例来说，在医疗领域，通过电化学传感来实时监测体内某种病理指标物质含量的仪器并不少见，这些仪器能够实时显示病情的变化，对慢性病的诊疗、医生直接观察病情都有好处，但网络延迟使得这些仪器并没有得到有效的推广；再比如，一些高校开发的自动驾驶运输车，虽然能够在仓储物流中大显身手，但是却因为网络连接不够通畅，发挥不出最好的效果。

快消零售公司如果想要另辟蹊径，不妨到高校或科研机构的实验室中去找一找，也许会发现遗珠，有意外惊喜。

六、供应链控制：5G的工业应用之路

5G的意义之深远，如果仅仅面向消费者去发展实在是有些浪费了。在到达消费者这一端之前，在整个供应链上5G都大有用武之地。

供应链上的能力是许多快消零售企业的壁垒之一，如何优化自己的供应链是所有企业面临的挑战。在这个过程中，最基本的方式都是会进行数据的采集、分析、处理、控制等步骤，而5G在每一个环节都是有价值的，最主要得益于极低的延时性。

举例来说，在生产上为了保证产品的优良率和系统的稳定性，需要定期进行检测和控制，面对特殊情况时需要停工检修。5G时代使得各个设备零部件的实时监测成为可能，这种检测不仅能在生产的同时发现可能存在的问题，而且能够实时反映不同零部件之间的配合情况，一旦出现隐患，工厂可以立即有针对性地对其进行维修处理，甚至通过人工智能进行自动维修、通过高精度AR进行远程维修。5G的发展将使得所有数据集中到一个中枢平台上，数据传输的稳定性得到了保障，无线化的可能性也将带来更精简、更合理的管理结构和工业设计。

5G在供应链各个环节的应用都有更多发展空间，目前在这些方向上的部署还比较少，在5G时代，这类方案应该被优先考虑。

从第一印象上来看，对于体验过4G变革的消费者来说，5G新体验足够优质却惊喜不足；但是对工业界来说，对快消零售赛道的企业来说，5G是一座巨大的宝藏。新业态即将蜂拥而至，让我们一起见证一次又一次创新的发生。

（资料来源：凤凰新闻，https://ishare.ifeng.com/c/s/7kuYPyREt2Q，有修改。）

第一节　5G时代改变跨境互联网营销与推广的方式

一、5G改变消费者购物模式

5G不仅可以大大改善网络连接，还可以做很多事情。它提供了新的机会，使我们能够提供突破性的解决方案，并覆盖整个社会。

想象数十亿个互联设备实时收集和共享信息以减少交通事故；由于无滞后的保证连接而可以挽救生命的救生应用程序；生产线如此具有预测性，因此可以在中断发生之前很好地做到预防中断。

使用行动装置购物在全球非常受欢迎。试想一下，如果网络速度提高10倍，手机购物的体验会发生怎样的变化?

此外，5G技术支援AR / VR应用，因此在零售业有机会在实体店面推出更多的VR/AR体验，例如试穿、虚拟空间等。依照消费者购物习惯，同样功能也有可能在家里体验。2020年，全球零售展示的AR/VR应用支出预计将达到约59亿美元。

由于5G的低延迟，网络的影片不太可能暂停或停止。在浏览社群媒体、游戏、网络媒体音乐以及下载电影和节目时，5G将为使用者节省每月平均23小时的加载时间。此外，5G在未来AR / VR的应用上，能够增强使用者与虚拟人物的互动。

根据Ovum进行的一项研究，未来十年，全球媒体产业将通过5G技术实现的新服务和应用能够获得765亿美元收入。

“消费者走到哪，我都可以跟他沟通”这大概是全世界广告主的最大愿望。从前人们在报纸、电视上看广告，网络出现后，网页甚至手机都成为广告的载体。

随着5G时代来临，广告的形式又要进行下一步蜕变了，Yahoo奇摩宣布推出Yahoo Lab XR数位营销方案，将通过3D、AR、VR、360等创新技术打造属于5G新时代的沉浸式广告，深化产品及品牌价值。

二、5G能为“广告”带来的效应

5G能让消费者在2秒内下载完一部完整电影，Yahoo媒体业务事业群业务总经理方盈杰指出，5G带来的高传输速度、高画质影音串流以及高稳定的行动联网能力，将让所谓“XR”应用大放异彩。根据调查，已有33%广告主开始在为5G进行准备。

至于什么样的产业最适合这种XR新形式的数位广告，方盈杰认为汽车、电影、3C产业等都相当适合，另外他也很看好房地产业在XR广告方面的前景。

例如，汽车的VR广告形式，就能让消费者以不同的角度观看车子的内装，可以仔细欣赏，加上汽车出厂时就已完成3D建模，因此在导入XR上更加容易；手机广告若以3D模式呈现，则能令消费者感受到手机的整体质感与立体性，提升吸引消费者愿意进来看产品的特色、规格、价格等。

现场展示的案例当中还有索尼影业（Sony Picture）的电影《精灵旅社3：疯狂假期》，以及英国电信商Three与通信应用程序Snapchat合作的案例，此种可轻易通过手机镜头与电影人物、运动明星等产生互动，并能迅速分享到社群网络的形式，已在国外大受广告主以及消费者欢迎。

不少广告商会担心这种新型态广告制作的时间与成本问题，对此，方盈杰表示，事实上Yahoo已针对五大代理商分享Yahoo营销未来室，得到相当大的回响，比起制作时间与成本，“现在的问题更在于创意，因为这是全新的呈现方式!”

方盈杰指出，Yahoo 花了约一年的时间克服了 XR 广告版位的各种技术性问题，并且向代理商呈现出自己的广告制作方式，是可以只靠几张手机拍的图片就能完成的，“这很简单就能制作出来!”

方盈杰表示，虽然国外案例以汽车与电影产业居多，毕竟产品越高单价的企业，越愿意做这些新的尝试，但相信中国台湾地区各个产业都能利用这种全新型态来推广产品与服务。

第二节　5G时代对于数字经济的影响

数字经济不仅是指以计算机为核心的信息技术产业的兴起和快速增长，也包括以现代计算机技术为基础的整个高新技术产业的崛起和迅猛发展，更包括由于高新技术的推广和运用所引起的传统产业、传统经济部门深刻的革命性变化和飞跃性发展。因此，绝不能把数字经济理解为一种独立于传统经济之外、与传统经济对立的纯粹的“虚拟”经济。

阿里巴巴集团主要创始人马云认为，如果第一次、第二次技术革命释放人的“体力”那么，此次技术革命释放的是“脑力”，即梦想、激情、创新、想象力、科技信仰等，以及一整套的技术基础、制度安排推动世界改变。中国将成为“互联网+”创业创新最活跃的试验场所，同步促进知识、资源、制造、服务在全球价值链上整合，这是与数字化同步的全球化。

21 世纪开始，互联网的发展迎接新的节点：从过去 20 年来信息和网络产业的发展，逐步向实体经济渗透，实体产业通过网络化而被吸纳到网络的经济范畴，从而构成全新的经济型态——数字经济体。

互联网是所有信息通信技术中影响最深远的，过不了多久，“人均频宽”和“人均信息占有量”将成为衡量国家经济实力的核心指标，推动生产和生活的重大变化，重塑经济社会发展模式。

在产业面发展方面，当今企业正应用网络基础建设重塑生产方式、商业模式和组织模式。C2B 消费者驱动的弹性化生产、小而美（小前端、大平台、富生态）、异质化、分散式协同网络、轻公司的模式特征、长尾经济和范畴经济，以及众包的方式正在取代传统的规模经济。

从中国发展现状来看，在互联网与实体融合的进程中，电子商务是数字经济形成的桥梁，连接互联网和实体世界，从前端营销和零售逐渐渗入实体产业供应链环节，并且形成从消费者到零售商、通路商、服务商的庞大生态体系。

以电子商务经济体为核心的数字经济，促进实体的快速成长，重构生产、沟通交流等方式，释放信息生产力。

互联网、电子商务延伸到实体世界，正以资讯和知识的方式，使得传统线性供应链发生变化。未来是生态成员参与的分散式实时协同价值网络，信息生产力将得到充分释放，生产关系也将发生改变。

数字经济对国民经济的贡献越来越大。据 2014 年 7 月麦肯锡全球研究所发布的《中国的数字化转型：互联网对生产力与增长的影响》报告指出：2010 年中国的数字经济只占 GDP 的 3.3%，落后大多数已开发国家；但到了 2013 年，中国的 GDP 指数升至 4.4%，已达全球领先国家水平。

考虑到网络发展速度和各产业运用程度，预计 2013—2025 年互联网将促进中国提升 GDP 成长率 0.3%～1%。意味着在这十几年，互联网有可能在中国 GDP 成长总量中贡献 7%～22%份额，到 2025 年，相当于每年 4 万亿～14 万亿人民币的 GDP 总量。

互联网不仅可成为未来中国经济的新引擎之一，还将改变经济成长模式，加速市场机制形成和竞争，最具效率的企业得以更快胜出；互联网让信息更透明，有助于最佳化投资决策，让资本配置更有效；还可推动劳动力技能提升，提高劳动生产率；透过降低价格，让人们获取信息更加便捷，并带来各种便利，创造消费者剩余，将有助于中国创造更能持续的经济成长模式。

正在兴起的数字经济呈现与工业经济不同的特征。

一、新的基础建设

宽带与智慧手机、云端运算、网络金融、智慧物流体系等构成电子商务经济体的新基础建设。

截至 2013 年年底，中国在宽带与智慧手机的网民规模达 6.18 亿人，其中手机网民达 5 亿人，网购用户突破 3 亿人。尽管中国拥有全世界最庞大的网民，但是宽带人口普及率仅为经济合作与发展组织（OECD）国家平均值的一半，仍有很大成长空间。

在云端运算方面，公用运算将成为信息时代的公用建设，让大数据产生威力；在网络金融方面，第三方支付成为金融支付的主力之一，推动传统金融支付转型升级。

阿里小微贷利用大数据、云端运算等先进技术，创造新型网络贷款模式，实现低成本、批量化、生产线处理贷款需求，每笔贷款处理成本仅两三元人民币，传统信贷模式下的成本为 2000～3000 元人民币。

在智慧物流方面，菜鸟网络的“物流雷达预警系统”通过对阿里平台上大量商品、交易和使用者等信息，以及社会物流网路信息的深度挖掘，对全国各大物流公司进行“中转站-线路-分点”整个包裹流转链路的运输预测与运输预警，让物流公司实时掌握整个物流网络每个环节的“未来包裹量预测”和“繁忙度实况预警”。

二、新的生产要素：资料

就技术面而言，信息时代赖以支撑的技术经过半导体、计算机、网络及大数据四个阶段迅速发展，信息和资料处理量爆炸性成长。由于资料具有共享性和边际生产力递增的特性，资料要素的投入与信息技术的应用，使得物质要素不断被节约，带来更多且更高效的生产资料。价值的增加突破传统经济“1+1 =2”的线性现象，改以非线性成长模式取代。

（1）资料驱动业务流程。例如叫车 APP，以乘客为中心，乘客可看到附近有多少辆出租车待客；以司机为中心，司机可看到附近有多少人在叫车，又有多少人愿意加价。资料驱动司机的业务流程和行驶路线。

（2）资料即信用。中小企业融资困难，在于小企业资料获取困难，银行传统信贷调查的信息采集方式适用性不强且成本高。阿里小微贷证明，搜寻引擎、大数据、社群网络和云端运算大幅削减信息不对称，交易双方在资金期限配适、风险分担上的成本极低，资料即信用成为可能。

（3）资料替代库存。网络品牌商韩都衣舍向供应链开放销售和库存资料，远在东莞的代工厂即可根据市场需求建立动态的生产排程、生产模型，实现分批快速生产，把握销售机会、最大限度减少库存。

三、新分工体系：从“链”到“网”

随着云端运算和大数据在电子商务领域的应用，“以企业为核心的线性供应链”将转变为“以消费者为核心的网状协同的在线价值网”。

首先，互联网为消费者高度赋能，其角色、行为及力量正在发生根本性的变化：孤陋寡闻→见多识广；分散孤立→相互连接；消极被动→积极参与。以企业为中心的产销格局转变为以消费者为中心的全新格局。其次，互联网大幅降低了市场分工、合作成本。

过去 2 年，淘宝上越来越多的商家把仓储、物流、IT 系统、研发设计、客服、生产制造、营销通路外包，进而透过系统联通和资料共享实现在线协同，呈现“网状”的分工体系。

第三节　5G 时代人货场改变消费者的购买习惯

一、消费者购买习惯

最近，国际知名电信系统设备商爱立信（ Ericsson）发表一份最新消费者行为研究报告——《5G 消费者潜力报告》，数据来源于 35000 名来自 22 个不同国家的受访者，年龄为 15～69 岁的智能手机用户。同时访问包括学者，以及电信营运商、手机和芯片制造商、初创企业和智囊团工作等 22 名专家，揭示有关 5G 对消费者价值的业界迷思，并阐述 5G 为通信服务供应商带来的机遇。

自从阿里巴巴提出“人货场”，许多公私部门似乎认为重构人货场就是新零售的定义，但细究起来这只是在谈阿里巴巴要做的事，是在宣示策略；“重构人货场”本身并不专属零售，餐饮业是人货场，物流业也是人货场，可以说无人餐厅、滴滴、Go—Jek 等创新都是在重构人货场；新零售众说纷纭需要重新检视其义。

国际标准行业分类 ISIC 定义零售为“向一般民众销售个人或家庭使用的商品”，零售业历经多次变革，每次变革都根植于当时生活和科技环境的演进；变革并不改变零售业的功能（销售商品给一般民众），而是改变销售的方法或媒介，从而产生许多新的业态和企业，现在谈的“新零售”，其实是 AI/物联网时代的再一次零售变革，根植于数据应用的零售服务。

在网络时代之前，零售业有赖于品类管理，如进哪些货、如何组合，以及门店管理，如门市环境和服务等，以达到零售服务的功能。网络带来新的媒介，将零售接触点和决策点从重视地段的实体门店里释放出来，现在的新零售不仅是零售型态及媒介的改变，而是所有的零售业态，甚至是跨越其他的服务业，都将重新打破融合成环绕消费者生活的“融合服务业”，消费数据和 AI 应用将能进一步统合所有的消费需求，实现“不受时空及信息限制的自动化消费服务”，这才是新零售的“新”之所在。

至于“不受时空及信息限制的自动化消费服务”，就是“在你需要的时候给你最适合你的东西”，甚至是在你不知道自己适合什么、需要什么的时候也可以实现。有晚宴场合吗？服装配饰、交通场地的服务会自动出现在你的面前让你选择，没办法选择时，会自动推荐（自动帮你决定哪些产品和服务最好）；体检有异常时，食品、药品采买的服务会自动出现，并为你打造改进健康的生活计划。也就是不再是我有什么货要卖给你，而是你有什么需求，可以根据对你的了解，如各种生活和消费数据，把所有能满足你的产品和服务一起找出来卖给你，就是这次变革里掌握通路力量的新零售企业。

“了解你”是这次零售变革的重心。不必局限于阿里巴巴的淘咖啡、盒马、大润发优鲜或亚马逊的 Amazon Books、Amazon Go、Amazon Select、Prime Video 等各种“重构人货场”，目的在于搜集数据，建立对消费者全方位的了解。

“不受时空及信息限制的自动化消费服务”带来的影响将是“破坏性”的，因为“了解你”会转换成定价力。一件衣服你要比较材质价格，但若是一件最适合你的喜好、身材和即将到来的晚宴场合的衣服呢？在餐厅吃一顿饭会在意价钱，但若是根据你健康状况设计的餐点，你还会比价吗？能够全面性掌握消费者生活需要的新零售企业，所拥有的通路力量是无与伦比的，通路为王，在这次零售变革里，新零售企业通路力量将超越以前所有类型的零售商所拥有的。

零售变革是科技驱动更是需求驱动，但通路力量的根基在于了解和掌握消费者，科技只是掌握的工具，没有科技固然万万不能，但若只有科技，就仅是看见科技却不知道应用的目标，带来的也只是不能转换成市场价值的技术投资浪费而已。

二、数据分析

茜子企业对接了财务、ERP分销和OA的资料，其实是三个角度跟踪企业运转，即财务视角、分销视角、办公视角。搭建信息中心（资料仓储）的第一步就是考虑视角的统一，站在公司层面，就是建立一本内部通行无阻的资料账单。

数仓技术的第一步就是要基于使用需求来构建资料模型，梳理维度表和事实表，对需要分析的内容做原子粒度的记录；在数仓建设过程中，应用各种数仓技术来实现资料的高效稳定存取；在数仓应用的结尾还需要对前端展现做一定的中间层适配。总的来说，茜子企业的数仓就是用一个独立于业务系统的资料源，来满足绝大部分的企业分析需求。

下面是茜子企业对于“库存”和“销售”的区别运算：

(1) 库存资料每天只重新整理一次，记录截止到每天凌晨3点，通过函数调用储存程序的方式在数仓里计算30分钟，重新整理在库存类资料表中。

(2) 销售资料每天重新整理n次，在每天的上午10点到晚上的11点，每隔15分钟从业务系统抽取一次销售资料，储存在销售类资料表中。

这样的操作是出于技术考虑的，在有限的数仓资源和业务访问通道下，“库存”资料非常庞大，累加计算会占用CPU资源，每天更新一次也能满足大部分库存分析需求；“销售”资料占用较少CPU资源，每15分钟更新一次做到“准实时”的效果。

刚才提到“准实时”的资料是15分钟前的资料，如果遇到企业高层要求马上把最新的销售库存资料拿出来的时候，就需要提前安排好“通路”——如果资料需要“马上给出”，建立报表直接连入业务数据库的通路“K级访问”，同时，要注意限制访问层级和访问频次，打开“K级访问”的监控预警，关注直连资料的信息安全。

在茜子企业，各业务系统（包括企业ERP）承担了生产经营的资料流转润滑剂的作用，资料仓储＋FinerePort报表共同构建了企业的数据仓库（DW&BI）平台。

除此之外，由于茜子企业公司门店的连锁性质，为了实现不同岗位的人看不同的报表，不同部门只能看到报表展示的自己部门的资料，这里利用了FineReport的权限控制对不同部门、不同人员做了处理，也是出于信息安全的考虑。

第四节　5G时代对于消费者营销规划

一、为什么寻找“目标客群”

很多人仍抱有“商品就是要卖给所有人”的心态，但是每个商品都有自己的客户，而这些客户的种类不同、喜好不同、特性不同，若是没有设定客户群，营销的方式会变得非常模糊且没有效率。

另外，抓住了理想客户就能准确定义营销的语言以及营销的方式，让客户与你有联结。例如，一家科技公司的理想客群是30～40岁、拥有实体店面、对于科技没有深入了解的人，若是营销人员重复“大数据”“AI”等较有距离感的字眼，目标客群会困惑，可能就不会考虑这家科技公司，因此要选用适合他们的语言进行沟通才能增加亲和度，同时这类型的客户可能比较适合以实体拜访的方式进行开发，因此，找到“目标客群”会是规划未来每一个阶段策略的基础。

（一）社群素材

有时，收集用户资料可以提供一个与客户交流的通道，汇总这些数据，制作成有趣的图表，让消费者多一份参与感，这些都是社群平台很好的素材，利用社群平台可以实时展示这些调查结果，这不仅是一个好的社群媒体营销手法，更可利用收集的资料来获得更多的关注。

（二）拟定相关营销策略

了解这些详细资料，可以全方面帮助公司在营销上进行布局，优惠折扣、客户忠诚计划、客户开发通道、甚至是广告再营销。在客户开发、产品销售过程中，各个营销渠道（marketing channel）的规划与应用决定了公司营销策略，包括电子邮件营销、内容营销、横幅广告、网红营销、社群营销等，而对每个营销渠道，详细的目标客群就会是很好的进攻武器。

二、如何寻找目标客群

想要寻找目标客群，就要先细分所有消费者，将消费者行为分门别类进行划分，例如地区、买哪种商品、性别、年龄等，通过这些“形容词”，可以将每一个商品留下数个形容词，这些就是定义“目标客群”的来源。如此，便可以更精准地描绘营销的语句，来吸引不一样需求的目标客群。

此外，还可以利用手边拥有的资源去设计符合自身产品服务的条件。

（一）客服部门

客服部门是收集个别客户消费行为的好机会。举例来说，某客户问了一系列有关商品或服务的问题，例如如何使用产品或用户、特别喜欢或不喜欢哪些部分，这些都是非常珍贵的资料，当业务员在回答问题时，要让客户感受到公司是很在意顾客需求的。

除此之外更重要的是要有完整的记录与分析策略，从现有客户身上得到的意见都可以建构更详细的消费者行为，将资料与在线行为并行分析，就可以得到更多的营销策略拟定基础。

（二）消费者联络信息

每一次和客户或潜在客户取得联系时，都是一个拿到重要联络方式并建立个人档案的好机会，特别是那些客户数量仍不算多的小公司，它可以让你跟客户产生个人的联结，深入了解他们的需求及喜好。举例来说，如果你开了一间餐厅，你可以通过调查消费者的忠诚度来评估反馈制度是否合适。当你想要寻找新方式让现有顾客上门时，可以从考量这种反馈开始。

三、协助工具

在科技快速发展的当下，要统合整理这些信息不再需要依靠纯人工，有更多工具可以协助你进行分析以及资料的搜集。

（一）网站分析工具

如果公司有自己的官网或是购物页面，那就有很多工具可以收集消费者在网站上的行为资料，像大家所熟知的工具 Google Analytics、直观的 Hotjar，都能够帮助你了解消费者在网站上的动态，观察他们在网站上花费多长时间、对什么链接比较有兴趣、下载了什么，利用这些数据，即使你没有办法像大型网络公司一样精准分析预测所有使用者行为，但你可以从中画出你的消费者轮廓。

（二）社群平台

社群平台所累积的粉丝资料也能成为很有用的观察点，特别是如果你的客户群包含年轻族群，更应该注重在这一块儿的分析。通过消费者的互动，例如点赞、留言、分享，可以观察他们喜爱的议题、在乎的重点，甚至可以利用社群进行一些基本的调查，同时也增加粉丝互动的机会。

简单来说，可以将市场和产品分成新的和现有的两种，画出以下四个方格。

1. 市场渗透：现有产品 × 现有市场

借由促销或是服务加值，说服消费者在既有的使用习惯上改变他的使用习惯，采用你的品牌，增加对你的品牌认知或是产品购买量。比如，台湾地区过去人们常使用的叫车服务是“台湾大车队”，但现在因为 Uber 和 TaxiGo 的推广与加入，人们可能开始改用这些替代方案。

2. 市场开发：现有产品 × 新市场

在不同的市场找到有相同产品需求的使用者。通常，产品定位及营销文案内容与手法会有所调整，但产品本身的核心技术与使用方式不变。

这个“新”市场，小到可以是跨县市，大则可扩及到国家。像是中国台湾地区的台南以南的丹丹汉堡，如果开到台北的话可能需要调整价格甚至是口味（因为南部地区通常吃得偏甜，饮食习惯就早餐来说也和北部不一样，甚至是在一些传统的台湾地区都有属于自己的特色早餐文化）。

就电商来说，有些业者可能觉得在台湾地区的业绩不错，会员忠诚度也高，不过毕竟台湾地区就 2300 万人，除了增加产品线外的业绩和营收增长突破，向其他市场发展是必然的结果。这也算是一种市场开发，将台湾地区已经销售的产品卖到其他地区和国家，如销往日本、东南亚及美国。

3. 产品延伸：新产品 × 现有市场

将新产品卖给现有客户，利用既有的客户名单，增加客单销售。最常见的就是软件更新跟电子商品类的更新。比如 iPhone8 到 iPhoneX/XS，或是 MacBook Pro 到 MacBook；iPad 到 iPad mini 和 iPad Pro。

4. 多角化发展：新产品 × 新市场

陌生的市场、陌生的产品。这通常是在成长策略中最冒险的行为，比较接近的例子可能是跨国的募资计划，比如，把中国台湾地区的摩托车卖到波兰（波兰人很少以摩托车当作他们平常的代步工具）。

四、拟定营销策略目标

（一）确定营销策略

营销策略即是从企业目标往下展开的其中一个环节，其中品牌营销是企业和顾客之间的沟通桥梁，因此需要制定相应的营销策略目标。一般而言，可分成 4 种主要的目标：

（1）被更多潜在客群找到。

（2）让更多潜在客群知道你的存在。

（3）提高产品销售量/金额。

（4）吸引更多客户回访。

（二）为品牌、产品定位

在思考完企业的商业目标、营销策略的目标后，进入市场前最重要的环节就是对品牌做好市场定位。

你可以只顾销售而不需建构品牌，或是任由市场来决定你的品牌，但只有当你更积极主动做好品牌的市场定位，才能实际拥有市场的主导权，也才不会让竞争对手有机可乘。

品牌定位常见的工具为“品牌定位地图”（Branding Positioning Map），或称“产品觉知图”（Perceptual Map），适用于分析品牌的定位、单一产品定位或是整个产品线的定位，用宏观的角度，在消费者的心里建立一个有价值的地位。

这个工具可以将品牌、产品结合消费者行为，从“消费者看待品牌”“消费者购买产品的动机”的角度出发，如感受、价位、外观等该产品或品牌的重要特征，挑选出最重要的因子，划分出两个维度，并与竞争对手互相比较，标列出品牌/产品的相对位置，做出初步的市场区隔。

常见影响消费者购买产品或看待品牌的因素通常有很多个，因此品牌定位也是企业自己筛选信息的过程。可尝试建立数个定位图，反复检视、修正观点，以确保掌握到品牌的全貌，进而找出“展现优势、满足顾客、与众不同”的交会点。

使用定位图，不仅可以协助品牌分析现有消费者的轮廓，也可以借此找出潜在的消费者，发现市场空缺，发掘潜在的商业伙伴，甚至重新厘清品牌及产品现有的定位问题。

需要注意的是，顾客的认同可能会随着时间而改变，因此应该定期审视品牌的定位是否切中市场的缺口或需要并做调整。

（三）找到合适的顾客群

知名的营销学之父科特勒（Philip Kotler）曾提出，营销最重要的观念为“有效的营销，是针对正确的顾客，建立正确的关系”，也就是找出一群顾客，以他们为主要市场，来设计产品、价格、通路和推广方案。

（四）描绘顾客轮廓，划分市场

事实上，不可能每种型态的顾客都会需要你的产品或服务；或者说，不同类型的顾客都可能会为你的产品买单，但他们注意的是产品的不同卖点。而当你的市场做得越大，需要投入的成本也越多，也不一定越赚钱。

如果能更精准锁定一群非常需要你的产品或者服务的顾客群，带来的效益将远远超越毫无目的、乱枪打鸟式的营销。因此，你必须先以宏观的角度来看待整个市场，用更细致的方式描绘出目标顾客的轮廓，例如性别、年龄、购买喜好、需求、行为、习惯等属性，切分出对应的各个子市场，再从中找到同时满足产品特性、顾客需求的子市场。

近年来，随着整体消费模式的改变，在划分市场时，更需要跟着时代演变，更快调整市场划分。仅套用消费者的性别、年龄等特性来做区分，已经不足以完整呈现消费者的多元需求，甚至需要将消费模式、喜好加入考量，以便更细致地区分客户的需求、购买动机、购买情境，并将客户贴上不同的标签。例如，顾客习惯在网络购物或实体店面消费、给予折扣或是限时限量促销、在什么时间点可能会接触到你的内容等。

例如，一款面膜最基本的功能可能会需要能控油、抑制痘痘，协助脸部皮肤达到良好的保湿和油水平衡，外包装同时也应具有活泼时尚感但不过度包装，商品文案描述也应多加强调面膜原料取材自天然成分。综合这些因素，才可能有效吸引这一族群的客户对此商品产生兴趣。

甚至可以再进一步思考，在电商（自有品牌或是电商平台）或各大美妆通路曝光销售商品的比例，该如何分配，才能增加这类型客户接触到这一商品的机会。

如此一来，就能更精准地找到对的顾客群，圈选对的粉丝，进而设计出对的营销方案。

（五）找出产品的卖点及目标市场

分析顾客的属性之后，同时也需将市场上自己与竞争对手的产品的功能、特色等列出来，对应到消费者的需求，将整个市场切分为更小的子市场。

承接上述的面膜例子，此时我们假定另一个目标客群是介于35～45岁的女性，使用此款面膜产品的目的与29岁女性白领上班族的目的截然不同。

女性使用面膜，可能是为了达到美白、修护、紧致的功能，那么也可以依此进一步描述这类型顾客的特质、关注的兴趣，并从中找到更精细的沟通目标和方向。

找出产品的卖点，需要结合三个方面的思考：顾客的需求、市场上其他竞争对手的产品特色、自身产品的特色，逐一罗列，再从中精练出产品的卖点。

【本章小结】

1. 5G 时代下的人货场下消费者购买行为，了解其跨境营销推广方式。

2. STP 对于人货场下的概念。

3. 5G 时代下的数字经济概念。

4. 5G 时代下的品牌地图。

5. 如何找到目标市场客户。

【本章重要关键词】

消费者购买行为　品牌地图　5G　目标客户群

【本章课后思考】

1. 请说明 5G 时代下的数字经济的概念。

2. 品牌地图的定义，消费者营销规划的方式。

3. 如何建立起产品的卖点和引爆点？

第九章　跨境互联网营销的工具

案例导读

数据类别与代表意义

数据类别共有六种，分别为字符串（string）、文字段落（text）、整数（integer）、浮点数（float）、日期时间（datetime）和布林值（boolean）。

而相同内容可能代表不同的含义，如同“23”这个数字，它可以代表一个数字、价格、温度，或者时间。

为什么需要数据库系统？

回想小时候，当时不像现在人手一部手机，随时想打给谁就打给谁，甚至只要告诉 Siri“打给 ××× ”，它就会自动帮你拨出电话了。

因此，当时我总是善用自己的脑袋，把每个人的手机号码背下来，需要组团打球时，就会立马从脑海中调出朋友的电话号码来联系，纵使记忆力超强，但长期来看却不是个最好的做法，同时也很难把电话资料共享给其他人使用，就算把资料记录在纸本上，也不容易保存和快速查找。

而在程序世界里，常见资料的应用，如变量（variables）、阵列（array）与物件（object），它们都有各自不同的方法。若是跟一个单纯的 text 文档比较，有逻辑的资料结构可以让我们更有效率来管理与处理资料，但当我们关上应用程序之后，它们所处理的资料就会从计算机的存储器中消失。

此时，我们需要一个工具，不仅能长期存放我们需要应用的资料，也方便随时查询与管理资料，而这个工具就是数据库系统。

第一节　数据仓库和客群建立

数据仓库是用于帮助组织制定决策的大量业务数据。数据仓库的概念自 1980 年以来就存在，当时该数据仓库的开发目的是帮助将数据从仅为运营提供动力到为揭示业务智能的决策支持系统提供支持。数据仓库中的大量数据来自不同的地方，例如内部应用程序，如市场营销、销售和财务，面向客户的应用程序；外部合作伙伴系统等。

在技术层面上，数据仓库会定期从这些应用程序和系统中提取数据；然后，数据将经过格式化和导入过程，以匹配仓库中已有的数据。数据仓库存储此处理后的数据，以便决策者可以访问。数据提取的频率或数据的格式化方式等将视组织的需要而定。

一、数据仓库的优势

使用数据仓库来协助其分析商业智能的组织可以看到许多好处。

1. 更好的数据

将数据源添加到数据仓库，使组织能够确保他们正在从该源头收集一致且相关的数据。他们无需怀疑数据进入系统后是否可以访问或不一致。这样可以确保更高的数据质量和数据的完整性，从而做出明智的决策。

2. 更快的决策

仓库中的数据采用一致的格式，可以随时进行分析。它还提供了分析能力和更完整的数据集，可基于确凿的事实做出决策。因此，决策者不再需要对预感不完整的数据或质量较差的数据进行答复，并且不必担心会产生缓慢且不准确的结果。

集成信息洞察力的需求是投资数据仓库系统的最大驱动力，因为它既代表战略业务需求（导致竞争优势），又代表支持日常业务运营的战术/运营需求。无论是最初安装还是运营，数据仓库都是昂贵的 IT 投资，因此，它们被视为一项长期投资，并在一段时间内成为公司 IT 生态系统基础结构的一部分。数据仓库中存储的数据通常来自整个企业，并且使来自不同业务功能的用户能够利用远远超出其直接控制或影响范围的数据资源。

二、数据仓库的概念

数据仓库和相关概念有许多不同的变体，可能会使刚接触该主题的人感到困惑。以下是一些最常见的数据仓库的概念，可帮助揭开数据仓库主题的神秘面纱。

1. 企业数据仓库（EDW）

EDW 是指支持整个公司而不仅仅是单个功能的数据仓库。企业数据仓库在大型公司中很常见，并在跨业务部门、位置和分散的 IT 系统的桥接中发挥重要作用。即使公司有多个事务处理系统，也可以使用 EDW 将所有数据收集在一个地方，以进行集中分析和报告。

2. 运营数据存储（ODS）

运营数据存储是整个数据仓库的一部分，其中包含在转换和汇总之前的交易和操作系统中汇总的原始数据。公司通常将 ODS 与数据集市分开维护，以此为分析人员提供用于生成报告的基础数据的访问权限。

3. 数据集市

数据集市是集中于单个主题或功能区域的数据仓库中数据的简化视图。组织内的单个部门通常会构建和控制数据集市，并且可能（也可能不）与企业数据仓库集成在一起。缺乏全功能数据仓库的公司可能会改用一些数据集市。存储在数据集市中的数据通常经过组织和过滤，以支持赞助部门的特定需求。大多数数据集市每晚都会从源系统刷新一次，因此它们包含的数据可能长达 24 小时。

4. 联机处理器（OLAP）

分析处理是指支持数据挖掘活动的专用系统。它将多层复杂算法应用于上层，下层将原始数据切片和切块，从而获得业务见解。OLAP 系统通常在一天内执行多次，生成的数据分析需要几个小时的时间（相比之下，数据集市通常会有一整天的延迟）。

5. 商业智能（BI）

商业智能是一个广义术语，用于描述用于将原始数据采集和转换为有意义和有用的信息以进行商业分析的一组技术和工具。除了分析和报告工具之外，数据仓库通常还构成公司商务智能功能的核心。

6. 数据挖掘

数据挖掘是发现大型数据集中的模式的过程。现代数据挖掘通常涉及机器学习、人工智能、统计和数据仓库的组合。公司通过挖掘数据来收集可操作的业务见解，从而获得竞争优势。

7. 数据仓库技术

数据仓库技术简称为 Extract - Transform - Load 或 ETL，是将数据从事务性源系统移入数据仓库的过程，可以对其进行进一步完善和使用。数据转换的类型和程度通常决定数据仓库中数据质量的级别。

8. 数据清理

数据清理是为解决源数据中的质量问题而进行的一组活动。从不同来源合并的数据不仅会从源数据继承质量问题（例如不准确、数据丢失、记录不完整和关系破裂），而且还可能包括数据源之间的差距、冗余和冲突。数据清除在数据进入数据仓库之前解决了这些问题。

9. 元数据

元数据是有关数据的数据，例如大小、格式、来源、描述、关系和数据分类。元数据在数据仓库中很重要，因为它可以帮助用户轻松查找和理解从其原始上下文移出的数据。

10. 数据字典

数据字典是一组有关存储在数据仓库中的数据对象、元素和属性的参考数据。它为用户提供了一种超越简单标签和字段描述的理解数据内容和上下文的方法。

11. 数据治理

数据治理是一组过程和控制，可确保根据公司标准、策略和业务规则创建和维护数据，并在数据转换时保持对数据定义和数据模型中定义的完整性约束的遵守。

三、数据仓库架构

在数据仓库中，有两种类型的体系结构很重要。分别是各种技术组件的系统体系结构以及数据仓库解决方案和存储在数据仓库中的信息的数据体系结构 。

数据仓库的系统架构通常与转换阶段保持一致，这些转换阶段随着原始数据被精炼为用户可操作和可使用的信息而发生。可以将其视为类似于制造工作流程的过程，将原材料转换为可消费的成品，并在整个过程中进行多个阶段的细化。

1. 数据源

数据源是将数据提供到数据仓库的各种源系统。

2. 暂存区或数据湖

暂存区用于存储从每个不同数据源导入的原始数据，因此可以对其进行处理而不会对事务系统造成性能影响。

3. 集成

集成层用于将来自各种来源的不同数据连接在一起，建立关键关系，解决重复项并将数据存储在运营数据存储（ODS）中。

4. 仓库数据库

数据从运营数据存储移动到核心仓库数据库中，在该数据库中被分类并安排在称为维的层次组中，并放入事实和汇总事实中。这种分层组织使在仓库中查找数据更加容易，并提高了处理性能。

5. 运营数据仓库

运营数据仓库（ODW）满足了对运营分析的需求，为实时分析奠定了基础。ODW 的特征包括货币、高性能、有效处理更新的需求以及在本地和云中部署的灵活性。

6. 用户

用户是从数据仓库访问数据的许多个人、业务流程和系统，包括人类用户和其他系统，例如人工智能（AI）和决策支持系统。

数据仓库的数据体系结构是指如何在仓库内组织数据。数据架构是一个更复杂的主题，因为在数据仓库系统内发生的转换通常涉及从一种数据架构到另一种数据架构的更改。大多数源系统中的数据按照关系数据库模式进行组织，遵循埃德加·科德（Edgar Codd）在 1970 年提出的一套称为数据规范化的原则。虽然规范化的关系数据体系结构仅适用于关注当前数据的事务系统，但是数据仓库将关系数据转换为所谓的星型架构，该星型架构根据内容及其使用方式汇总数据。数据集市（用户使用的数据仓库中的视图）可以再次将数据体系结构转换为业务流程视图或简化的主题区域视图，这些视图与如何将数据用于决策相一致。

四、数据仓库系统

数据仓库是一个稳定的只读数据库，它将来自不同系统的信息组合到一个易于访问的位置。它是其他数据库之上的一层，专门用于支持分析。术语“数据仓库系统”用于表示可以协同工作以为组织提供整体数据仓库功能的一组组件。许多商业软件提供商出售数据仓库系统，并且提供本地和云托管选项。数据仓库系统通常包括一个或多个数据库，用于从源系统执行提取、转换和加载的工具，用于管理数据模式和数据字典的功能以及用于将数据发布到数据集市和消费系统的工具。

五、数据仓库

（一）数据仓库与数据库的区别

数据仓库和数据库容易混淆，因为这两个概念具有一些相似之处。但是，主要区别在企业需要对大型数据收集执行分析时生效。数据仓库可以处理此类任务，而数据库则不能。两者之间的区别为：数据库是随着公司开始对其业务运营进行数字化转换，几乎每个业务流程都变得依赖于众多 IT 系统以及这些系统记录和维护的数据。为了使公司高效运营并实现其目标，从高层管理人员到个人贡献者的员工都需要有效访问数据和分析，以提供有关公司运营方式、风险或关注领域以及竞争优势机会的可行见解。这些人需要的信息来自许多不同的源系统，但是为了使分析易于访问，公司需要将数据汇总到一个公共位置，这就是数据仓库。

数据仓库是为多种交易目的而收集的数据。针对读/写访问进行了优化之后汇总的交易数据，为了分析目的而进行了转换和存储。针对大型数据集的汇集和检索进行了优化。

建立数据库可以快速记录和检索信息。由于数据仓库存储来自多个数据库的数据，这使其更易于分析信息的种类。数据库用于数据仓库。但是，数据仓库通常是指在线的交易处理数据库。还有其他类型，例如用于数据库目的的 csv、html 和 excel 电子表格。

数据仓库是一种分析数据库，位于事务数据库之上，可以进行分析。

（二）数据湖与数据仓库的区别

尽管它们都是出于业务分析的目的而构建的，但数据湖和数据仓库之间的主要区别在于，数据湖以其本机格式存储所有类型数据源中所有类型的原始的、结构化和非结构化数据，直到需要时为止。相比之下，数据仓库以更有条理的方式将数据存储在文件或文件夹中，可随时用于报告和数据分析。

（三）数据集市与数据仓库的区别

数据仓库有时也与数据集市混淆。但是，数据仓库通常更大，并且包含更多种类的数据，而数据集市的应用受到限制。

数据集市通常是仓库的子集，旨在为特定的应用程序轻松地将特定的数据交付给特定的用户。用最简单的术语来说，数据集市可以被认为是单一主题，而数据仓库则涵盖了多个主题。

随着企业向云迁移，数据库和数据仓库工具也是如此。云提供了许多优势：灵活性、协作和可从任何地方访问（仅举几例）。流行的工具，例如 Amazon Redshift、Microsoft Azure SQL 数据仓库、Snowflake、Google BigQuery 都为企业提供了简单的方法来存储和分析其云数据。

云模型降低了进入壁垒，尤其是成本降低，复杂性和实现价值的时间过长，而壁垒传统上限制了数据仓库技术的采用和成功使用。云允许组织根据需要扩大或缩小（打开或关闭）数据仓库容量规模。此外，使用云数据仓库可以轻松快速地上手。这样做既不需要大量的前期投资，也不需要费时（且成本不会降低）的部署过程。

云数据仓库体系结构在很大程度上消除了本地数据仓库范例所固有的风险。企业不必为硬件和软件进行预算和采购，不必为年度维护和支持预留预算订单项。在云中，传统上使数据仓库团队忙碌的成本考虑因素（计划内和计划外系统升级的预算）消失了。

第二节　跨境互联网营销推广关键字应用

一、关于调整关键字竞价

选取任何关键字时，都可以选择为客户每次搜寻该关键字并点击广告后所支付的费用。这是关键字的每次最高点击成本或每次最高点击竞价金额。有些广告客户较喜欢自主控制手动竞价，有些客户则喜欢让 Google Ads 系统替他们决定竞价金额。

下面为“争取最多点击”自动竞价策略与手动每次点击竞价之间的分别、如何利用 Google Ads 工具选择竞价，以及如何运用关键字估计竞价让广告显示在首页。

二、“争取最多点击”的运作方式

对于那些不想花太多时间设定竞价，但又想在广告预算范围内获得最多点击的广告客户来说，“争取最多点击”是理想的选择。客户无需为关键字、广告群组或广告刊登位置设定个别竞价，只需设定平均每日预算，Google Ads 系统就会自动设定最高每次点击竞价，帮助客户在广告预算范围内争取最多点击次数。若要进一步控制竞价，还可以设定每次点击竞价上限，避免每次点击费用超过特定金额。

三、手动每次点击竞价的运作方式

此选项让客户自行管理最高每次点击竞价。客户可以在广告群组级别设定竞价，也可以为个别关键字设定竞价。新广告系列的广告群组内所有关键字将会采用广告群组的预设竞价金额。客户可以随时修改任何或所有关键字的竞价金额。

广告上线后，不管是自己操作广告还是委托代理商操作，都应该好好检视数据报告，来衡量广告成效。但报告字数那么多，应该重视哪几个指标呢？

首先，可以追踪点击次数、曝光次数等统计资料。另一个重点则是考量客户想通过广告活动达成的目标，并据此重点分析相关统计数据。

（一）广告目标

在广告开始执行之前，就需要制定广告目标及 KPI（Key Performance Indicators），因为广告执行欲达成的目标会直接影响到后续执行的方式。且广告成效与统计资料中要看的指标也会依据想达成的目标而定。故设定广告目标相当重要。举例来说，如果广告目标是想提升网络、应用程序、电话或实体店家等方式的销售量，建议执行“搜寻联播网广告”为主，其他形式广告为辅。如果目标为活动曝光为主，想接触广大目标对象并打响知名度，使用多媒体联播网广告就会比较合适。

（二）曝光和点击

曝光和点击是关键字广告的基础，即使广告目标不能引导网站的流量，但广告每日的花费是依照每个点击来做计价的，且网站流量与目标达成率也有非常密切的关系。曝光有点类似发传单，而点击则是看到传单而有兴趣者到店逛的消费者，试想，若广告一天只能带进不到 10 笔的网站流量（点击），广告还会有好的成效吗？毕竟来网站逛的消费者不一定每一个都会采取行动。然而依据产业不同，建议要带进的广告量至少 40～50 笔流量以上，消费性产品则是至少 100 笔流量以上。

（三）点阅率

点阅率是指广告获得的点击次数除以曝光次数所得的值。如果获得 5 次点击和 100 次曝光，点阅率就是 5%。每个广告和关键字都有各自的点阅率，这个数字代表看到广告后决定按下的人数百分比，客户可以根据点阅率衡量关键字和广告的成效。

通过观察点阅率变化也可以判断消费者对文案诉求的喜好程度。并且文案、素材内容及广告所在的地区、联播网类型都会影响点阅率高低。点阅率高代表使用者认为该广告实用且相关。我们可以根据点阅率衡量哪些广告和关键字的成效良好，哪些需要改善。关键字与广告之间的关联性越高，与产品与服务的关系越密切，使用者在搜寻关键字词及相关字后按下广告的可能性就越大。所以在检视曝光及点击的同时也需要注意点阅率。

（四）质量分数

质量分数是用来衡量广告、关键字和到达网页的质量的一项指标；广告质量越高，费用就越低，排名也会越高。质量分数是实用的诊断工具，但并非主要成效指标。只要将“质量分数”栏加入报表，就能查看自己的质量分数。质量分数以 1～10 表示，计分项目包含预期点阅率、广告关联性和到达网页体验。广告和到达网页越切合使用者需求，质量分数就越高。质量分数若太低（<5）的话，点击成本有可能较高、广告排名也会降低、曝光次数会减少。

（五）转换

一开始客户的目标可能是增加点击，因为这直接影响了网站的流量，但流量并不会是广告最终的目标，执行关键字广告的目的无非是希望广告能带进实际的购买或使消费者采取行动，如电话、表单、在线询价、加入会员、留下资料等，所以转换通常是衡量 KPI 一个重要的参考指标。故在设定广告时就必须汇入广告转换目标，如电话、表单等，这些目标需在广告执行前设定完毕并汇入才可被追踪。

转换汇入较常用的方式为：在网站中埋放相对应的 GA 目标追踪码，在 GA 中设定好目标并测试无误后汇入 Google Ads。

（六）广告素材

就消费者在乎的属性来进行 A/B test，不管是搜寻广告的文案或是 GDN 图片式广告，通常会需要提供至少两组以上的诉求。目的是测试受众的喜好程度。故除了看整体广告账户数据之外，也需要检视各个广告素材的表现，可以将表现较不佳的素材关闭，或当作下次制作新素材的参考。当然，重点是要在文案及素材中放入企业目标客群、消费者在乎的属性，才能真的测试有没有效。

（七）曝光比重（市场声量）

曝光比重（Share of Voice，SOV）通过预期希望占据的 SOV 来推估预算，计算方式为：广告曝光量÷市场整体搜寻量，意思是 10%SOV 为消费者搜寻关键字 100 次中，搜寻结果只看到你的广告 10 次。

若要了解提高出价或预算能否为广告吸引更多客户，曝光比重可作为有效的参考依据。通常一开始各类型关键字的 SOV 建议“品牌字：90%↑、产品字：50%↑、通用字：20%↑、活动字：20%↑”。

（八）字词搜寻量（产业淡旺季）

广告成效应考虑到产业淡旺季的影响，不同企业、不同产业大部分都会受到淡旺季的影响，在搜寻淡季时曝光点击量有可能会下降，搜寻旺季则点击量上升，且也会影响到广告在同一笔预算下广告在线的时间或竞价变化等，故在查看数据报表的同时也需要比较今年与去年广告目标的达成率、变化等，而非一味去讨论数字。

在淡季搜寻量较低时，可以使用不同的广告形式来搭配执行。例如，搜寻搭配多媒体、再营销广告，预算分配可以观察搜寻的实际花费及点击状况来评估，可将部分预算配给曝光型广告多一些来累积网站流量名单。

在旺季搜寻量较大的情况下，可以加大广告预算，扩张客群。若旺季预算实在有限，可将预算集中在较有成效的字词群组文案客群上。

第三节　跨境互联网营销电子商务平台推广软文

一、SEO 流量推广

某些客户的 SEO 流量掉很多，在协助寻找原因的过程中，会询问其曾经为了 SEO 而进行过哪些操作。因为有不少站长可能从网络接触一些 SEO 文章，除了内容不一定正确，也可能该手法已经过时，所以有必要厘清客户是否不小心进行哪些操作导致被处罚。

二、Google 推广文章

客户表示“如果是以前写的旧文章，自己更改日期为较新的日期，是否会影响到文章的排名”。

这件事的确可能会有影响，但不尽然会是流量掉很多的主因，不过仍然是个值得探讨的主题。

以访客的角度来看，搜寻某些文章时，会希望找越近的日期越好，但某些文章则没有差别：

（1）属于知识类的文章：例如疾病症状、生活常识、居家修缮 DIY 技巧等，一般不会因日期而影响搜寻结果。

（2）属于时效性的文章：例如网络相关信息、新闻、娱乐影剧信息、美食店家等，日期越近的文章可能越有排名优势。

虽然对某些领域的文章而言，日期是不重要的。实际上毋庸讳言，Google 也的确喜欢新的文章，比较喜欢频繁更新的网站。那么有些站长为了让文章排名较前面，可能会定期将特定文章的发文日期，改成是该年度发布的状态。

根据这篇 2019 年 3 月的官方声明“Help Google search know the best date for your web page”，有部分内容跟本文内容相关。因为内容不短，且有不少实用知识，用中文整理一下重点。

1. Google 如何决定日期

“有读者反映搜寻结果的发布日期与文章实际的发布日期不一样，后来找到原因，原来是 Google 索引成某个小工具（例如热门文章）的第一篇文章的日期。”这篇官方文章可说是解释了这个状况，Google 会从一个网页的许多地方来推测出一篇文章的发布日期，例如网页上明显的日期、结构化资料（JSON－LD）、Schema 标记、timestamp 相关标记。

一般来说，博客平台文章的发布日期基本能正确被索引，因为模板有一定的格式。非博客平台的网站，SEO 相关的网站架构、日期格式如果没做好，Google 可能就无法正确索引发布日期。

若自行修改模板，就可能不小心修改了日期的相关 code，导致发生类似前面的案例，文章总是被 Google 判定成错误的发布日期。

2. 正确的日期格式

日期的表示方法有很多种格式，Google 建议符合 ISO 8601 规范。

与前面所述一样，博客平台只要不乱动模板，日期格式这件事通常不用担心。

【本章小结】

1. 数据库的定义。

2. Google 的日期格式设定。

3. SOV 的定义。

【本章重要关键词】

数据库　SOV　点击率

【本章课后思考】

1. 请说明数据库带来的应用概念。

2. 数据库建立的概念是什么？

3. 如何去建立产品的数据库和点击率？

参　考　文　献

[1] 窦文宇．向传统营销说再见 [J]．企业家信息，2016 (1)：65 - 67.

[2] 徐施宏．浙江省电子商务促进会发布《2020 年中国跨境电商发展报告》[EB/OL]．(2020 - 1 - 12) [2021 - 1 - 15] https：//m. thepaper. cn/newsDetail _ forword _ 10660382.

[3] 佘晓晨界面新闻．抢公章、夫妻争权，动荡的当当还经得起几次折腾 [EB/OL]．(2020 - 5 - 1) [2021 - 2 - 1] https：//www. jiemian. com/article/4326908. html.